大学生创业实务

主　编　董海林　杨　雷

中国矿业大学出版社

内容提要

本书主要面向具有创业意识、想创业或已经创业的大学生群体，也可作为大学生创业教育的教材使用。全书共分7章，内容涵盖了大学生创业者的素质与能力、大学生创业环境分析、大学生创业机会的识别与开发、大学生创业计划书的写作、大学生创业团队的构建、大学生创业资源的整合和利用以及大学生创业企业的类型与组织形式等。

图书在版编目(CIP)数据

大学生创业实务 / 董海林，杨雷主编. —徐州：中国矿业大学出版社，2017.6

ISBN 978-7-5646-3577-0

Ⅰ.①大… Ⅱ.①董… ②杨… Ⅲ.①大学生—创业 Ⅳ.①G647.38

中国版本图书馆CIP数据核字(2017)第143193号

书　　名　大学生创业实务
主　　编　董海林　杨　雷
责任编辑　姜　华
出版发行　中国矿业大学出版社有限责任公司
（江苏省徐州市解放南路　邮编 221008）
营销热线　(0516)83885307　83884995
出版服务　(0516)83885767　83884920
网　　址　http://www.cumtp.com　**E-mail**:cumtpvip@cumtp.com
印　　刷　虎彩印艺股份有限公司
开　　本　787×960 1/16　**印张** 11.5　**字数** 215千字
版次印次　2017年6月第1版　2017年6月第1次印刷
定　　价　27.00元
（图书出现印装质量问题，本社负责调换）

编委会名单

前 言

大学生是国之栋梁，是最宝贵的社会财富和资源，是思维最为活跃、最具创新精神的群体，是新科技和新文化的引导者和受益者。相对于其他创业群体而言，大学生拥有较好的知识和技术基础，具有较高的创业品质和良好的创新创业潜力。大学生理应响应“大众创业、万众创新”的号召，成为创新创业的主体之一。

2016年，我国有756万大学毕业生走向社会。据初步调查，我国高校毕业生创业比例大概在1%左右，而美国的这一数据高达20%。导致这一差距的原因是多方面的。传统的应试教育和精英教育的理念、“学而优则仕”的观念很大程度上抑制了大学生的创业意识和创业选择。2010年教育部颁发了《关于大力推进高等学校创新创业教育和大学生自主创业工作的意见》，要求创新创业教育要面向全体大学生，贯穿大学全过程。至此以来，我国高校大学生创新创业教育取得了一定的效果，但大学生创业意识的教育、培养和引导任重道远。

国家大力推动大学生创业并不意味着每个大学生都要去创业。创业是机会导向的，但又是有风险的，需要具备一定条件，尤其是对创业主体的素质和能力要求较高。成功的创业者往往具有某种异于常人的精神特质和能力，而创业也就成为一种基于这种特质和能力的个性化选择，并非每个人都适合创业。大学生如何作出创业选择，如何培养创业素质与能力，如何提高创业的成功率，不仅是大学生创业者需要回答的现实问题，也是大学创业教育者在创业教育中亟须解决的问题。

基于以上背景，本书的编写侧重于大学生创业实务，在框架结构和内容上做了精心构思和安排，结合编者参与大学生创业实践和创业教育的体验，努力提高内容的针对性和适应性。本书主要面向具有创业意识，想创业或已经创业的大学生群体，也可作为大学生创业教育的教材使用。全书共分7章，内容涵盖了大学生创业者的素质与能力、大学生创业环境分析、大学生创业机会的识别与开发、大学生创业计划书的写作、大学生创业团队的构建、大学生创业资源的整合和利用以及大学生创业企业的类型与组织形式等。

本书由董海林、杨雷任主编，黄军利、滕大才、缪小群、李伟任副主编。在本书编写过程中，编者学习、借鉴、参考和引用了国内外学者的著述和研究成果，在此谨向他们致以诚挚的谢意。

本书的出版得到了中国矿业大学科技园、中国矿业大学创新创业教育学院、中国矿业大学出版社、徐州市创新创业教育学院、佛山科学技术学院大学科技园、徐州医科大学科技园的大力支持，在此一并表示感谢。由于编者学识水平有限，书中定有疏漏之处，恳请广大读者批评指正（电子信箱：ylei@cumt.edu.cn）。

编　者

2017年5月

目　录

第一章　大学生创业者的素质与能力

学习目标

通过本章的学习，使大学生了解创业与创业者的概念及相关要素，了解大学生创业者的素质和能力要求；通过对大学生创业素质、能力培养与提升现状的描述，使大学生掌握创业方法。

第一节　创业与创业者

本节要点

了解创业的概念、类型和要素以及创业者的概念、特征与角色，认识大学生创业者的优势及劣势。

“创业”从字面上的意思看有开创事业之意，故而创业常给人的感觉便是开创性、创新性、变革性的，而从事创业的人则总给人一种有勇有谋、敢想敢为、雷厉风行之感。创业属于富有挑战精神、拼搏精神的实践活动，是一种能够很好地实现人生价值、体现人生意义的实践活动，能够反映出创业者的世界观、人生观、价值观。

一、创业的概念、类型与要素

（一）创业的概念

创业已成为当下最脍炙人口的话题之一。关于创业的具体概念，可谓仁者见仁，智者见智。Cole 认为创业是发起、维持和开展以利润为导向的有目的的业务活动。Gartner 等则将创业定义为新事业的创建，将创业描述为新组织的创造过程。Shane 和 Venkataraman 认为创业的概念在内涵上应该包括：如何(how)、谁(who)以及什么(what)因素会影响机会发现、评估及利用，因此主张将创业研究聚焦于机会来源、发现、评估、利用机会的过程以及发现、评估及利用机会的个人。Dollingers 从创业特征的角度进行定义，提出创业的三项主要特征，分别为创造力与创新、资源的结合与经济组织的成立以及在风险与不确定环境下的成长机会与能力，因此，他将创业定义为：在风险与不确定环境下创造出的一个新经济组织。Stevenson 认为，创业是不拘泥于当前资源条件限制下对机会的追寻，通过不同资源的有效组合利用并开发机会、创造社会价值的活动。

本书认为，清晰地界定创业的概念，应该指明其外延与内涵。在外延上，创业概念应能包括各种类型的创业活动，同时又不至于泛化成一般的经营管理活动；在内涵上，创业概念应该能反映创业的本质特征。基于此，本书更倾向于认同张玉利等在其《创业管理》一书中的定义：创业是在(高度)不确定的环境中，不拘泥于当前资源条件的限制对机会的追寻，将不同的资源组合以利用和开发机会并创造价值的过程。

与一般经营活动相比，创业有以下几个特征：① 创业活动的开展较强地依赖于创业者及其团队的个人能力；② 创业活动是机会导向的；③ 创业者对机会的追逐、开发与利用是以资源为基础的；④ 创业活动是在高度不确定性的环境条件下进行的，具有高风险、高收益的特点。

(二) 创业的类型

创业的内容相当丰富，按照不同的标准可以将创业分成不同的类型。了解创业的类型，可以开拓创业思路，提升创业眼界。不同类型的创业，创业机会的特征、对创业者创业资源与能力的要求、创业成功的关键因素及创业管理的重点是不同的。创业者在作出创业决策时，可以结合自身的条件和外部环境，选择适宜的创业类型。比如可以围绕谁、在哪里、为何、在什么条件下创业及取得何种效果等五个问题展开，识别创业活动的类型。

1. 生存型创业与机会型创业

从创业动机的角度，可以将创业企业分为生存型和机会型两种。根据《全球创业观察中国报告(2015/2016)》，中国创业活动的主体是青年，占创业者总体比例的 41.67%，创业动机以机会型创业为主，64.29%的创业者为机会型创业者。

(1) 生存型创业

生存型创业以获取家庭收入为创业动机，其目的在于谋生，为了谋生自觉或被迫走上创业之路，比较典型的有做小商小贩、开夫妻店等。这类创业大都属于尾随型和模仿型，规模较小，对创业资源、创业者的素质与能力要求较低，项目多集中在服务业。这类创业往往是在现有的市场上寻找微型创业机会，并没有创造新需求，市场较小，往往小富即安，很难做大做强。

(2) 机会型创业

机会型创业的动机在于抓住现有的机会，创业者将创业作为实现某种目标

(如实现自我价值,追求理想等)的手段。这类创业往往市场广、成长快、前景好、利润高,因此能创造出新的需求,或满足潜在的需求。这类创业需要很强的洞察力,存在做大做强的机会,对创业者的素质与能力要求较高。

机会型创业和生存型创业不是创业者的主观选择结果,而是由创业者面临的环境和能力决定的。机会型创业者较之生存型创业者,更多的是在个人拥有一个稳定经济基础的条件下才开始准备创业活动的;并且机会型创业者往往是在一个他们熟悉或者擅长的领域中开展创业活动的,因此他们的企业较生存型创业有更长的生存时间。也有一些创业者在完成生存型创业后,转向机会型创业。

【案例学习 1-1】美特斯邦威集团的创业者①

周成建出生于浙江丽水青田县一个名叫石坑岭的村子里。1982 年,初中毕业的周成建就在家乡创办了服装纽扣厂。第一次创业的结果是对方以面料不合格为由全部退货。1986 年,身负巨债的周成建带着 9 000 元翻本钱,来到了当时商业气息已经非常浓厚的温州谋生。在妙果寺服装专业市场,他白天卖服装,夜晚做服装,一天工作 16 小时。资本扩大的机遇终于在 1992 年来临,那年,来自福建石狮的风雪衣、夹克衫,像股旋风席卷温州市场。周成建紧跟市场行情制作起这些衣服,一年下来,赚了几百万元。就这样,他初步完成了资本原始积累。在市场上几年来的摸爬滚打,让他有了经商经验,也培养出敏锐的眼光。

周成建感到休闲服装将有很大市场潜力,便用手头的钱成立了制衣厂,正式生产休闲服装,还打出了自己的品牌——美特斯邦威,产品面向工薪阶层,实行薄利多销。

2. 个人创业、公司内部创业与网络创业

按照在哪里创业,可以将创业分为个人创业、公司内部创业与网络创业。

(1) 个人创业

个人创业主要指不依托于某一特定组织而开展的创业活动。个人创业充满挑战和刺激,个人的想象力、创造力可以得到最大限度的发挥,不必承受组织内的压制和人际关系的制约。创业者有一个新的舞台可供表现和实现自我,可多方面接触社会各种类型的人和事,摆脱日复一日的单调乏味的重复性劳动;可以

① [资料来源] 周成建. 从农民到亿万富翁. 百度百科.

在短时期内积累财富，奠定人生的物质基础。然而个人创业的风险和难度也很大，创业者往往缺乏足够的资源、经验和支持。

（2）企业内部创业

内部创业是由一些有创业意向的企业员工发起，在企业的支持下承担企业内部某些业务内容或工作项目，进行创业并与企业分享成果的创业类型。相对于个人创业，企业内部创业在资金、设备、人才等各方面资源利用的优势显而易见，由于创业者对于企业环境非常熟悉，在创业时一般不存在资金、管理和营销网络等方面的困扰，可以集中精力于新市场领域的开发与拓展。同时，由于企业内部所提供的创业环境较为宽松，即使是创业失败，创业者所需承担的责任也小得多，从而大大减轻了他们的心理负担，相对成功的概率大了许多。具体来说，企业内部创业与个人创业的区别主要表现在以下几个方面：

① 范围：内部创业是在已有的组织环境下的创新，要考虑组织的物质、人力资源以及其他的约束条件；个人创业通常并无此限制。

② 获得的支持：内部创业可以从现有组织的制度、管理、资源等诸多方面汲取养分；个人创业一般能得到的最多是风险资本的投资。

③ 风险：内部创业是在公司内部有限范围内的激进式变革，哪怕失败，也不会影响整个组织的生存；而个人创业更像是“赌博”。

④ 规划：内部创业更关注如何将短期与长期利益协调发展，并制定详细的计划、预算、规划；而个体创业以追求短期利益为主，以抓住时机为手段，避免制订详细的计划。

⑤ 障碍：内部创业的最大挑战来自于官僚组织体制和既定的企业文化；而个人创业的最大障碍可能来自于资金的短缺和管理层面、操作层面的技巧。

（3）网络创业

网络创业是指在互联网环境中，通过搭建服务平台或借助已有的电子商务平台和移动通信网络，提供服务和商品并创造价值的过程。不同于传统创业，网络创业基于的平台是互联网，具有创业平台开放、创业思维创新、创业成长快速、创业主体年轻、创业门槛较低等特点。

从网络创业依据的平台看，主要是两种模式：第一种模式是自己建立网站或开发互联网新媒体产品，比如创办地方特色论坛，开发多元服务的手机 APP 等；第二种模式是依据已有的网络平台创业，比如在淘宝网、天猫网、拍拍网等国内电商巨头平台上开网店，或在专业的威客网站上做网络自由工作者。

3. 学生创业、失业人员创业、在职人员衍生创业和兼职创业

按照创业的主体，可以把创业分为学生创业、失业人员创业、在职人员衍生

创业和兼职创业。

(1) 学生创业

学生创业主要指各类院校的在读或即将毕业的学生开展的创业活动。根据国家统计局发布的2016年国民经济和社会发展统计数据显示:2015年全国共有在校高中生2 374.4万人,2016年应届高中毕业生797.6万人,2016年新招收高中生796.6万人;2015年全国共有在校中专生1 656.7万人,2016年应届中专毕业生567.9万人,2016年新招收中专生601.2万人;2015年全国共有在校大学生2 625.3万人,2016年应届大学毕业生765万人,2016年新招收普通本专科生737.8万人;2015年全国共有在校研究生191.1万人,2016年应届毕业研究生55.2万人,2016年新招生研究生64.5万人。

由此可见,我国存在着大量的在校生及毕业生群体。学生创业,按学历层次又可分为高中生创业、大学生创业、研究生创业等。其中最被关注的是大学生创业,因为这一层次进行就业和创业的人数最多,且相对于其他层次,大学生在素质与能力累积上有了一定的基础。《2016年中国大学生就业报告》指出:2015届大学本专科毕业生自主创业比例是3.0%,高职高专毕业生自主创业比例(3.9%)高于本科毕业生(2.1%)。据此推算,2015届大学毕业生中约有20.4万人选择了创业。

(2) 失业人员创业

失业人员可以通过自己的努力,成为创业者。这类创业者大多选择服务行业,投资少、回报快、风险低,政府还有税收和资金等方面的优惠政策。

(3) 在职人员衍生创业

衍生创业是指现有组织中工作的个体或团队,脱离所服务的组织,凭借在过去工作中积累的经验和资源,独立开展创业活动的创业行为。

(4) 兼职创业

兼职创业是指利用自己的知识和能力在本职工作之外进行的创业活动。例如大学里的教授,在完成教学与科研任务之外,建立公司,进行创业。

此外,基于创业的初始条件,可以将创业活动分为冒险型创业、风险投资融合型创业和革命型创业。冒险型创业的机会成本较低,科技进步等因素能增加创业机会,主要关注的市场机会,其特点是高不确定性且投资需求少。风险投资融合型创业具有高标准的管理团队、明确的目标市场和计划,关注的产品和技术具有高稳定性且发展快速等特点。革命型创业是最优的创业计划,集财富和价值于一身,通过对生产技术或经营过程的革新,为顾客提供超额价值的产品或服务。

基于创业效果，可以将创业企业分为四类：复制型企业（对个人和环境的改变、新价值创造均小）、模仿型企业（对个人的改变较大，但对环境的改变很小，新价值创造也小）、安定型企业（对个人的改变较小，但对环境的改变很大，新价值创造也大）和冒险型企业（对个人和环境的改变、新价值创造均大）；Davidsson将创业企业也分为四类，分别为失败式创业（对组织和社会层面的产出都少）、催化剂式创业（组织层面的产出少，但社会层面的产出多）、重新分配式创业（社会层面的产出少，但组织层面的产出多）和成功的创业（对组织和社会层面的产出都多）。

（三）创业的要素

成功的创业活动，必须要能将机会、资源和创业团队三者作出最适当的搭配，并且能够随着事业的发展而作出动态的调整。创业流程由机会启动，在组成创业团队、取得必要的资源之后，创业计划方能顺利展开。创业活动是一个高度动态的过程，其中机会、资源、创业团队是创业过程中最重要的驱动因素。

(1) 商业机会是创业过程的核心要素。创业的核心是发现和开发机会，并利用机会实施创业。因此，识别与评估市场机会是创业过程的起点，也是创业过程中具有关键意义的阶段。

(2) 资源是创业过程的必要支持。创业活动的开展，需要有一定的信息、人力、财力、物力及关系资源。为了合理地利用和控制资源，创业者要努力设计创意精巧、谨慎的战略，这种战略往往对新创企业极为重要。

(3) 创业团队是新创企业的关键组织要素。创业团队的水平影响着机会的识别、开发与利用以及资源整合利用的效率与效果。

随着时间的变化，机会、资源、团队三项因素会因为比重发生变化而产生失衡的现象。良好的创业管理就必须及时地进行调整，掌握当时的创业活动重心，使创业活动重新获得平衡。

三个核心要素构成一个倒立的三角形，其中创业团队位于倒三角形的底部。在创业初始阶段，商业机会较大而资源较为缺乏，三角形将向左边倾斜；随着新创企业的发展，企业逐渐拥有较多的资源，但这时原有的商业机会可能变得相对有限，这就导致另一种不均衡。为此，创业团队需要不断探求更大的商业机会，进行资源的合理运用，使企业发展保持合适的平衡。这三者的不断调整，最终实现了动态均衡，这就是新创企业发展的实际过程（如图 1-1 所示）。

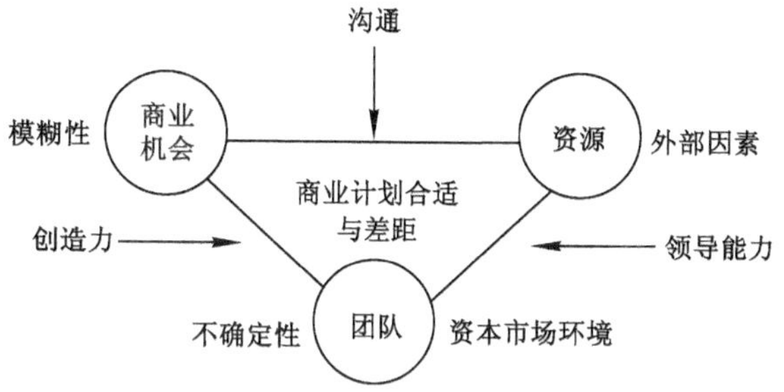

图 1-1 创业过程的 Timmons 模型

二、创业者的概念、特征与角色

（一）创业者的概念

每当说到创业者时，人们往往想到的是马云、刘强东、史蒂夫·乔布斯、比尔·盖茨及陶华碧等知名创业者。当说到创业型企业时，人们通常会想到京东、苹果、戴尔、微软、联想、阿里巴巴及老干妈等企业。虽然这些都是创业者和创业企业的例子，但是它们都属于极端的例子，而非常规的例子。

目前，社会上仍缺乏对创业者的统一界定。1880 年，法国经济学家萨伊首次给出了创业者的定义，他认为创业者是创业过程中的代理人，他们将生产资源从利用率较低的区域转移到利用率较高的区域。Brockhaus 从创业者的特征出发定义了创业者，他认为创业者有强烈的成功愿望，有愿景，善于发现和利用机会，能够组建团队一起担负创办新事业的责任，并且筹措资金、承担风险，具有这些特征的人便是创业者。Nelson 认为创业者除了要承担风险之外，与创业成败有关的还有其他因素，具体说包括毅力、资金、时机和运气等。Timmons 则认为创业者是有毅力和耐性、有强烈承诺驱使的人。

总体来说，学术界有两套鉴别创业者和非创业者的标准。

第一套标准认为，创业者指的是那些能识别、审核、把握商机，并开创自己事业的人，即那些自己当老板的人(Business Owners)。如果按照这个定义来归纳，那么只要是自己出来做生意的人，他就是老板、创业者。例如，街头售卖鸭血粉丝汤的老板、路口卖糖炒栗子的老板、新建立的创新企业的总裁、新建立的律师事务所的董事长等都能算是创业者。

另一套标准的条件比较严谨——只有那些涉及新产品、新生产程序、新服务的企业的创建才能算是创业。如 Schumpeter 认为创业者就是起创新作用的人。熊彼特则把创业和创新结合起来，认为创业必然暗含着创新，创业者构造新的生产函数，创造出更大的价值。

现实中，我们可以根据研究的需要和阅读对象，选择鉴别创业者和非创业者的标准。由于本书阅读对象主要指向大学生，大学生创业的层次明显要高于一般的生存型创业，但涉及新产品、新生产程序、新服务创业需要一定的资源与经验基础，而这些又是大学生所欠缺的。因此，本书倾向于综合两种观点，从机会的角度去界定创业者，将创业者定义为：识别创业机会，为利用和开发机会创建并发展一个企业，承担其风险，获取利润的人。

（二）创业者的特征

创业活动与创业者密切相关，创业者自身拥有的个性特质以及后天培养的能力特征对其创业活动有重要影响。国内外许多学者试图寻找成功创业者的人格特质，结果却缺乏一致性，但创业者大致上存在一些共性的影响创业成功的人格特质。

1. 激情洋溢

每一位创业家实际上都具有亢奋的和紧迫感强烈的天性，具有令人难以置信的精力。著名行为心理学家赫茨伯格说，创新人物都是感情强烈的人；他们是创业活力的化身，对创造的满足有贪得无厌的需要。创业家们是一批“会不惜一切代价使他的想法变成事实的需要驱使的天才”。创业家对十全十美的狂热追求是无可匹敌的。在创业家本能的追求卓越的欲望中，强烈和持续的成功欲望往往使他们富有进取心和创业的激情。

2. 乐观自信

创业家总是不“三思而后行”，而是奉行“先行而后思”。他们认为风险背后可能是千载难逢的机会。这种行动主义背后的精神根源是强烈的乐观自信。美国《华尔街杂志》在一篇有关企业家的文章中得出结论：成功的企业家都具有能感染他人的强烈自信。对失败的担心往往使其他类型的人们感到气馁，但创造者和创新者对自己的想法充满信心，对失败的担心绝不可能吓倒他们。可以说，强烈的自信或许比其他任何品质更能充当通向重大成就和极大快乐的门户。创业者是充满自信的乐观主义者，具有令人敬畏的自尊。他们从容不迫地对待所有的灾祸和不幸，不让盛衰沉浮损害自己的眼力或改变自己的目标。

3. 喜迎挑战

创业者喜欢迎接挑战，喜欢承担风险，但并不是盲目地冒险。他们乐于接受挑战，并从克服困难中获得无穷乐趣。而在面对挑战时必然面对失败，优秀的创业者与众不同的是能够在这种关键时刻遇挫不退、遇挫弥坚。

4. 越挫越勇

创业领域，没有任何捷径可走，只有专心致志和坚持不懈的人，才能克服在通往任何目标的道路上所遇到的困难和障碍。爱迪生指出，创造力依据的是99％的努力和1％的灵感。他认为，一连串的“失败”乃是不断尝试错误的探索性实验，是成功创新所必需的。经历一次又一次的失败而绝不放弃是创业家的主要行为特征，许多创业家甚至把错误看作自己最大的财富。

5. 简明务实

目标明确与否，这是成功的创业家与失败的创业者之间的差别所在。创业家似乎都不能容忍复杂的事物，都具有使复杂变简单的强大力量，他们都能从混乱和复杂的形势中找出简单明了的解决办法。这种能力对一切有抱负的创业者来说是至关重要的。创业者通常都急切地想见到事物的成果，他们信仰“时间就是金钱”，不喜欢也不会把宝贵的时间浪费在琐碎而无聊的事情上；他们脚踏实地，做事实在，不会为了使自己舒服一点而马虎从事；为了实现个人理想，他们不会计较虚名；他们生活简单朴实，必要时常常身兼数职。

6. 富有洞察力与变通性

创业家富有直觉，对环境有敏锐的感受力，可以觉察别人未注意的情况和细节。他们能够从杂乱无章的事物中整理出一套逻辑构架；他们作决策有时候会全凭直觉，却往往能有独出心裁的见解，与众不同的方法，勇于弃旧图新，推陈出新，别开生面；他们变通力强，思想流畅，善于举一反三，能想出许多点子，提出异想天开的问题，取得异常的成就。

7. 客观理性的人际关系态度

创业家为了事业往往是“客观冷静”、“不顾情面”的，给人以“大公无私”的感觉。这种素质在西方国家是十分自然的事情，但是在中国这种家族网络力量十分庞大以及处事感性常常大于理性的社会里显得尤为珍贵和重要。

8. 独特的业务专长能力

业务专长有多方面的含义，如有人善于某种特殊技能，有人有很强的学习能力，有人有非常丰富的想象力，有人有非常优秀的外语能力，有人有非常优秀的沟通能力等。总而言之，独特的业务专长能力应该是一个人在某个方面能够达到相当高度，且在这一方面能够证明一个人的聪颖程度的特长，它是一个创业者创业之初的立世和立业的根基。

9. 与他人团结协作的能力

信息时代的社会分工越来越细，某项工程或者某个项目通常需要若干人通力协作才能完成，因此，必须发挥个人的主人翁意识，与其他人密切配合。团结协作能力不仅表现一个人的品质，而且是高质、高效出成果的前提和保证。

（三）创业者的角色

每一个创业者无论是情怀创业还是利益创业，最终的目的之一就是实现自己的梦想。为了成功创业，创业者必须加强团队建设，能让自己的团队更加团结有力。这就要求创业者明确自身的定位，知道自己在团队里的角色。创业者在创业团队中一般扮演以下六种角色。

1. 梦想的缔造者

创业者是梦想驱动的。为了激励创业团队，创业者必须了解并满足团队成员的精神需要与物质需要。一个好的梦想能够让团队成员明确创业企业存在的目的，知晓企业准备在哪些方面为社会作出贡献，从而满足成员的精神需要。一个好的梦想也能够指明创业企业的长期愿景，满足团队成员对物质利益的追求。创业者是梦想的缔造者，必须告诉团队成员团队的梦想是什么、如何来实现梦想、团队的最低目标和最高目标分别是什么。只有有了梦想，才能凝聚人心，激发士气。

2. 学习的组织者

在科技飞速发展的今天，新的知识、新的技术、新的模式不断涌现，如果创业企业没有学习，企业就会被淘汰。所以创业者必须是企业学习的组织者，定期组织管理团队学习新的科学知识和社会知识，让自己团队的知识永远在更新中。知识强大了，创业团队才能强大，才能在市场竞争的环境中发展壮大。

3. 市场调研的先行者

市场环境瞬息万变，创业企业必须时刻关注创业环境的变化。作为企业的领头人，创业者应当对环境敏感，做一个市场的调研者，不能坐在办公室里接受二手信息、看市场调研报告。只有亲自做市场调研，才能真正掌握第一手的市场资料，才能正确分析市场的真正需求。

4. 新思想的倡导者

创业成功与否关键在于创新，而每次创新都要面对很多质问与反对的声音。新思想、新思维的诞生往往需要创业者坚持不懈地努力，用有力的数据、严谨的事实、严密的分析来证明自己的新思想、新思维，说服并教育员工和客户。

5. 团队的大家长

创业团队成员需要人文关怀。创业团队每位成员的思想、感情、需求都是需要创业者去了解和掌握的。创业者要有耐心和细心，去关心他们，让他们感觉到家的温暖，做一个和谐的创建者和推动者。

6. 责任的承担者

创业者承担广泛的社会责任。对内要对股东、员工负责，对外要对国家、社区、客户及合作伙伴负责，同时还要承担家庭的责任。所以说创业者最大的胸怀就是敢于承担责任，勇于承担责任。在各种问题发生的时候，创业者是第一时间的问题解决者，不拖延、不推诿。为企业承担责任是天职，为员工承担责任是任务。

三、大学生创业者

大学生是一个特殊的创业群体，包括高职高专及本科两个层次，不包括硕士和博士研究生。他们包括在校一边读书一边创业的大学生、休学创业的大学生、毕业即创业的大学生，也包括毕业后先就业再创业的大学生。作为接受过高等教育的大学生，与其他创业群体相比，有其自身的优势与劣势。

大学生是社会新技术、新思想的前沿群体，是国家专门培养的高水平人才。本书的大学生创业是指还在高校接受教育或者刚毕业还未找到工作的学生群体的创业活动。大学生和社会其他群体相比，通常有着更扎实的基础知识和专业技能，他们犹如八九点钟的太阳，朝气蓬勃，充满活力，也有着"初生牛犊不怕虎"的拼搏精神，敢于冒险和尝试，开拓精神十足，创新意识也很强，这些都是合格的创业者必须具备的素质。但同时也应看到，大学生创业存在着许多问题：大学生往往急于求成、缺乏耐性、怕吃苦受累，社会经验不足，容易盲目乐观，没有创业实践活动经验，缺乏市场意识和商业管理经验等，这也是大学生创业活动不容易成功的原因。

（一）大学生创业者的优势

1. 具有较高的知识文化水平，部分专业技术优势较强

由于接受过高等教育，大学生的知识文化水平一般都达到了一定的层次。部分技术性较强专业的大学生具有较高层次的技术优势，其创业方向就会偏向高科技、高技术含量的领域，掌握技术对于创业开办高科技企业的优势是不言而喻的。"用智力换资本"是大学生创业的捷径之一，一些风险投资家往往就因为看中了大学生所掌握的先进技术，而愿意对其创业项目进行投资。

2. 自主学习能力强，接受新事物快

由于创业需要管理、金融、会计、人际关系等方面的知识，而这些知识不可能在大学里全部学到，尤其是一些在大学学技术专业，毕业后靠技术创业的大学生，只能靠自学来掌握这些知识，这时自学能力的高低就会对创业是否顺利产生较大的影响。经历了高考的残酷竞争，大学生的自主学习能力一般都比较强，加上对事物较强的领悟力以及接受新事物的开放态度，就会比一般的创业者更具

优势。

3. 熟悉计算机操作，获取信息的能力较强

由于信息技术的高速发展，当今世界已俨然成为一个信息社会，谁掌握了有用的信息，谁就能掌握话语权。对于一个创业者而言，如果没有获取相关信息的能力，其创业的道路将变得更加坎坷。而对于可以熟练操作计算机的大学生，通过网络及软件获取相关信息只是小菜一碟。

4. 年纪轻，精力旺盛，创业热情高

大学生往往对未来充满希望，自信心较足，对认准的事情有激情去做。他们有着年轻的血液、蓬勃的朝气，思维比较活跃，加上“敢想敢干”的精神，这些都是创业所需要的素质。

5. 家庭负担相对较小，即使失败了也可以重新开始

除了一部分贫困的大学生，大部分的大学生毕业时父母基本还在工作，加上没有成家，其家庭负担相对较小，甚至家庭经济情况较好的学生在其创业时很可能获得来自家庭的支持。同时，由于大学毕业生年纪基本上较小，即使创业几年后以失败告终，也可以重新再创业或者找工作就业，相对那些过了而立、拖家带口的创业者而言，其创业失败的机会成本较低。

6. 享受政府优惠政策较多

为了鼓励大学生创业，各级政府和行政主管部门出台了一系列的优惠政策，有些是专门针对具体行业的，如大学毕业生新办咨询业、信息业、技术服务业的企业或经营单位，经税务部门批准，可免征企业所得税两年；新办从事交通运输、邮电通信的企业或经营单位，经税务部门批准，第一年免征企业所得税，第二年减半征收企业所得税；新办从事公用事业、商业、物资业、对外贸易业、旅游业、物流业、仓储业、居民服务业、饮食业、教育文化事业、卫生事业的企业或经营单位，经税务部门批准，可免征企业所得税一年。大学生创业者可以根据自身的实际情况，在这些可享受优惠的项目中找到适合自己创业的项目。

(二) 大学生创业者的劣势

与其他创业群体相比，大学生创业者的劣势也是显而易见的。

1. 社会经验不足，人际关系网络较小

由于一直在学校学习，大部分大学生没有真正踏入社会，对于一些社会规则不太了解，虽然掌握了一定的理论知识，但终究缺乏必要的实践能力和经营管理经验。同时，大学生的人际关系网络里除了家人、亲戚就是同学，而这些关系对其创业的帮助有限。

2. 创业理想化，没有做好迎接困难的心理准备

由于大学生还未完全脱离父母的保护，其经历过的困难较少，即使有也只是一些小困难，这导致他们往往盲目乐观，对困难和失败缺乏心理准备，加上在电视、报刊、书籍中看到的都是创业成功的例子，心态自然都是理想主义的，认为创业很容易。因此，一旦在创业中遭遇挫折和失败，许多大学生就会感到十分迷茫，甚至意志消沉，不去尝试解决困难，便轻易放弃了创业。

3. 缺少市场眼光，选择创业项目华而不实

缺乏市场眼光及商业管理经验，是影响大学生成功创业的重要因素。不少大学生很乐于向投资人畅谈自己的产品如何新奇，技术如何领先与独特，却很少涉及这些技术或产品究竟会有多大的市场空间。缺乏真正有商业前景的创业项目，这是大学生创业失败的主要原因。一个好的创业项目可以没有华丽的技术和创意，但必须要有广阔的市场需求及合适的赢利空间。

4. 创业资金来源较少，融资渠道不畅

创业资金来源渠道较少是大学生创业的最大的障碍之一。据麦可思(MyCOS)公司的调查报告显示，2008 届大学毕业生的创业资金 76%来自个人和家庭的资金。除了极少数申请到政府或高校创业基金的学生外，父母和亲友的资助几乎成了大学生创业的主要资金来源。由于风险较高，一般的金融机构和风险投资人都不太愿意把巨额的资金交给大学生创业者，导致融资借贷困难重重。因而有创业意愿但家庭经济条件不好的毕业生就不容易实现创业梦想，政府需要在启动资金上帮助经济困难的创业者。

5. 社会对大学生创业者的信任度较差

由于一部分大学生自认为具备了一定的专业知识和能力，总感觉高人一等，往往给人以眼高手低、好高骛远、看不起蝇头小利、喜欢纸上谈兵等负面的印象，致使很多人对大学生产生了这样的偏见。加上整个社会文化和商业交往中往往认为大学生年纪太轻、社会阅历太浅、办事不牢靠、不值得信任，这也给大学生创业造成了很多的障碍。

大学生作为一个特殊的创业群体，有其自身独有的特点，但无论是优势还是劣势，都不是影响大学生创业者走向成功的关键，只有像火焰一样的创业热情和面对挫折永不服输的勇气，才是引领大学生创业者不断前进的导航明灯。市场不会同情弱者，也不会给任何大学生“补考”的机会，大学生创业者只有依靠这股热情和勇气才能够融入市场经济的大潮，成就自己的创业梦想。在经历了最初的创业冲动和付出之后，越来越多的大学生将走向成熟和冷静，对创业和成功将会有更深的理解。

第二节　大学生创业者的素质与能力

本节要点

通过对大学生创业者的分析，了解大学生创业所需具备的素质和能力，以及生命周期视角下的大学生创业素质与能力。

当今，全球创业活动比以往任何时候都更为活跃，国家和地区之间的竞争日益聚焦在它们的创业水平和创业成果上，创新和创业已经成为科学技术转化为现实生产力的桥梁，成为经济发展和社会进步日益重要的推动力。创业不是天才的独创，也不是普通人的妄想，而是每个社会成员改变命运、追求卓越的一种途径，是每个企业不断成长的方式，是一个国家取得核心竞争力的关键。

一、大学生创业者应具备的素质

（一）素质的定义

素质是指事物的本来性质，用于人时，表示人的素养、资质和品质。创业素质是指个体本身所具有的，能够影响创业企业管理能力，影响创业企业经营绩效的基本品质与技能。

Scott 认为：① 素质是包括知识、技能及职业能力素养的整合概念；② 工作绩效与素质是直接相关的；③ 素质可以通过培训手段来提高，而且这些素质要素整合引出的是可观察的和可测量的行为。

素质是人的某些内在特质，可以决定一个人行为习惯和思维方式。个体的知识、技能与职业素养可以通过一定的行为表现来显现。个体在日常行为中体现的职业素养，影响的是个体判断和行事的方式，是素质要素体系的核心部分。影响着个人对事物认识的知识和技能只是露在水面上冰山的一小部分，是很容易被发现的表象部分；但是职业素养则潜藏在水面以下，是冰山的山脚，很难被判断和识别。知识、技能及职业素养三者之间相互整合的特性，是构建创业者素质共性测评表的理论依据。

创业者的素质可以分为人格特质和个人技能两个方面。人格特质是创业者创业成功的内在驱动力，知识和技能是创业成功的外延保障。创业者的人格特质是创业者内在深层次的特质，是其具备的与知识和技能无关的潜在素质，是决定创业者能否取得成功的心理素质和个性特点的总和。成功的创业者正是因为具备这种内在驱动力，才能使知识和技能在创业过程中得以发挥，从而取得优秀的创业业绩。

（二）大学生创业者的素质

大学生创业者应该具备如下素质：一是富有激情，成功的创业者怀有一种深深的信念，坚信自己选择的道路是正确的，愿意为之付出不懈的努力；二是能够洞察风险，成功的创业者并不是片面地冒险，而是有计划的风险偏好者；三是机会导向，创业者关注机会胜过关注资源，在资源匮乏的状态下追寻机会；四是坚忍不拔，创业者不害怕失败，有着坚定的信念和必胜的信心；最后是诚实可信，对于投资人、创业团队、顾客有着良好的诚信记录。

成功创业者的个人技能则表现在企业创立和经营过程中需要的各种技能，包括创业机会识别的技能、资源整合的技能、营销技巧、财务知识和技能、学习能力、战略决策能力以及人际技能等。这些良好的个人心理特质和技能，虽然并不是要求创业者完全具备才能实施创业活动，但对于大学生创业者来说，这些品质能够帮助他们取得更高的创业绩效。

二、大学生创业者应具备的能力

在创业的初始阶段，大学生创业者往往担负着企业的多种角色，包括企业的所有者、管理者甚至是企业的技术工人等。因此，成为成功创业者所要求具备的能力必然比企业的管理者要多得多，能力的内涵也更加宽泛。奥地利经济学家 Kirzner 认为，创业者具有敏锐的发现市场机会的能力，并通过发现市场机会来创造价值。这种能力源自发现特定市场上价格低于价值的商品和未充分利用的生产要素。Hood 利用不同的定性工具对创业者能力进行了区分，认为创业者的成功主要来自四个方面：商业机敏、技能和行为、谈判与内部交流能力和抵抗挫折的能力。

查龙基于现象学研究方法，对科技型创业者的能力特征进行了研究。由于科技型创业者和大学生创业者两类群体有相当大的交集，故其结论对大学生创业者具有一定参考价值。科技型创业者的能力需要如表 1-1 所列。

表 1-1　科技型创业者的能力需要

能力特征	核心含义	特征间相互关系	影响因素
科研能力	技术方面问题解决能力； 对新技术方向把握的战略能力	影响成果转化； 影响创新	工作经验、专业知识对其影响
科技成果转化能力	将新技术、新知识转化为市场认可的新产品的能力； 成果转化意识，在创新研发过程中对新产品成本效益的掌握能力	主要影响创业初期产品是否被认可，进而影响市场开拓	对市场需求的了解以及学习创新对其的影响

续表 1-1

能力特征	核心含义	特征间相互关系	影响因素
市场能力	创业初期，创业者常常需要作为企业的营销人员，市场能力是创业者必备的素质。市场能力应具备的四种素质包括：沟通能力、市场信息获取与分析能力、机会识别与把握能力、关系建立能力。这四个维度构成市场开拓能力的整体特征	沟通能力对信息获取、关系建立、人才管理、成果转化能力都有影响，进而影响机会识别与把握；市场信息获取与分析影响成果转化、机会识别与把握；机会识别与把握影响市场获取；关系建立影响信息获取与机会识别	知识储备、个人品质影响市场能力
组织协调能力	内部协调，即组织协调企业内部各部门间关系，合理配置资源，有效的团队管理能力； 外部协调，即协调与上下游企业以及合作伙伴间关系的能力	影响人才管理； 影响市场开拓	沟通能力、个人品质、工作经验及相关培训对其发生影响
人才管理能力	科技型企业内部管理更加注重对人才的管理，如何识别人才、培养人才、留住人才，并且让优秀人才感到满意，激发出其创造力，是一个科技型创业者内部管理的重要内容	影响组织整体创新； 影响科技成果转化	创业者管理能力、管理方式、个人品质对其产生影响
学习与创新能力	创新是指独立思考形成具有新颖性的有价值的产品的过程。如果学习活动是充满智慧探索的、是积极主动的，那么学习活动将促进创新能力的养成。此外，创新还需要有一定的知识结构作基础，没有学会基本的知识、技能，则无法创新	创新包括技术创新、产品创新、设备创新、管理创新。学习是创新的基础，创新影响知识储备、科研能力、成果转化、市场开拓、组织协调以及人才管理	市场需求为学习创新指明方向，学习是创新的基础，人才管理、知识储备、科研能力对学习创新有影响

[资料来源] 查龙.基于现象学研究方法的科技型创业者能力素质特征研究.山东财经大学，2013。

三、生命周期视角下的大学生创业者的素质与能力

对于大学生来说，在创业的不同阶段需要的素质是不一样的。刘俊霆基于企业生命周期的视角下，通过分阶段的企业特征描述，探讨了不同阶段创业者的活动任务和素质要求，形成了分阶段背景下创业者素质与能力的静态特征，如图1-2所示。

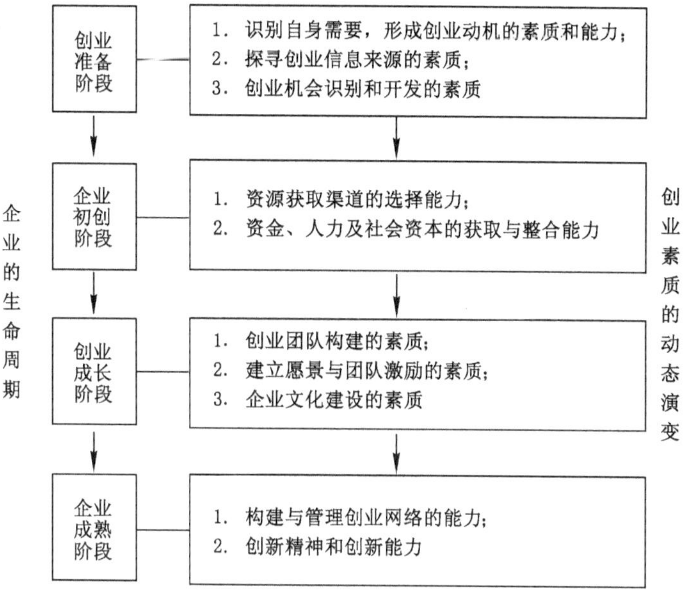

图 1-2　企业生命周期与创业者素质演变关系

创业企业生命周期的第一个阶段为创业准备阶段。在该阶段创业者的主要任务是形成创业动机和创业机会的识别与评估。对于创业者来说，与之相应的素质与能力需要包括：识别自身需要，形成创业动机的素质和能力；探寻创业信息来源的素质；创业机会识别和开发的素质。

创业企业生命周期的第二个阶段为企业初创阶段。该阶段作为实体性的企业已经建立，只是处于诞生初期，比较弱小，经不起大风大浪，难以抵御市场风险和自身的内部挫伤。使处于高风险时期的新创企业生存下来，并尽量缩短初创期，尽快过渡到快速成长期，是这一阶段创业者面临的主要任务。因此，初创期对创业者的素质与能力需要主要包括：资源获取渠道的选择能力；资金、人力以及社会资本的获取与整合能力。

创业企业生命周期的第三个阶段为企业成长阶段。度过了比较危险的初创期，新创企业进入了快速发展的新阶段。企业产品的产销量不断增加，财务状况不断好转，规模不断壮大，表现出一片欣欣向荣的发展景象。但这一时期，企业还未摆脱早期的不成熟，在技术、产品、资金和管理等方面还有许多要解决的问题，创业者要想将这一阶段的企业带向更高的发展水平，还需要更多的辛勤工作。人力资源是成长期企业的第一资源，成长期创业者面临的首要问题就是创建一个有凝聚力、有战斗力、结构合理的人力资源团队。这一阶段，对创业者的素质与能力需要主要包括：创业团队构建的素质；建立愿景与团队激励的素质；企业文化建设的素质。

创业企业生命周期的第四个阶段为企业成熟阶段。随着创业企业的不断发展，创业网络也在不断铺开，各种联系更加广泛而密切。这一阶段，创业者的主要任务是不断拓宽创业网络的覆盖度，强化网络的中心度。建立稳定、持久、牢固的网络关系，实现创业网络联系各主体之间的双赢和共赢是这一阶段创业者的工作重点。在成熟阶段的后期，市场竞争激烈，创业企业能否经受住激烈的竞争而生存和发展起来，在很大程度上取决于企业的创新精神和创新能力。所以成熟阶段对创业者的素质与能力需要主要包括：构建与管理创业网络的能力；创新精神和创新能力。

第三节　大学生创业素质和能力的培养与提升

本节要点

了解大学生创业素质与能力培养现状、取得的成就与存在的问题，掌握大学生创业素质与能力的提升。

一、大学生创业素质与能力培养现状

（一）我国大学生创业素质与能力培养取得的成就

1. 初步建立创业素质与能力培养的体系

目前，我国从国情出发，借鉴国外典型国家创业教育成功的案例，构建了有中国特色的创业教育体系。我国创业教育体系的内容具体包括以下几方面（见图 1-3）：

（1）从创业教育年龄阶段来看，小到幼儿园，大到研究生，都是创业教育培养的年龄阶段。其重点是培养创业意识。

（2）从创业教育培育类型看，不仅包括普通高等学校，还包括各类职业高校、成人教育等，还有针对失业、下岗人员进行的再就业培训，针对农民工就业培训等。其重点是使创业教育贯穿到整个国民教育体系中。

（3）从创业教育培训对象看，包括学生（大中小学）、失业下岗人员、农民工、一般在职员工等。其重点是培养公民的创业意识和创业能力。

（4）从创业教育资助平台看，包括市场创业的大环境、国家金融财政资助、

企业资助、风险评估资助等。其重点是为公民创业提供雄厚的资金保障。

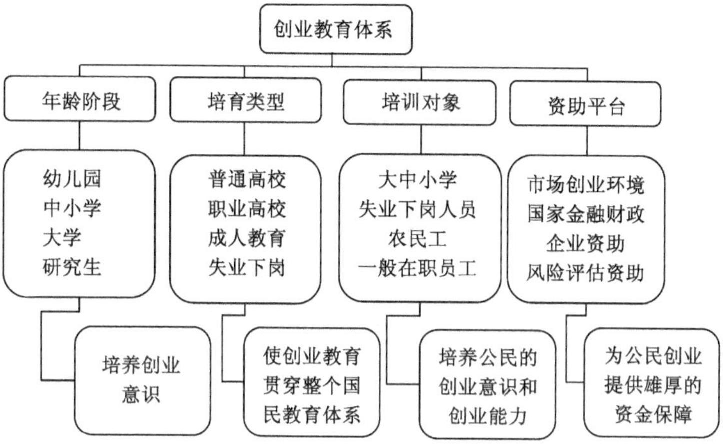

图 1-3 我国初步建设的创业教育体系

党的十八大报告中指出："全党都要关注青年、关心青年、关爱青年，倾听青年心声，鼓励青年成长，支持青年创业。"关心青年就是关心民族的未来、民族的希望，支持青年创业就是支持国家的发展、人民的幸福。十八大提出的要求，既是推进社会经济协调发展、建设创新国家的要求，也是建设社会主义和谐稳定的社会、贯彻落实科学发展观的要求。因此，以教书育人为宗旨的高校要担负起不断更新教育理念、不断培养创新型人才的重任。根据这一要求，我国已初步构建了大学生创业教育体系，全面发展创业教育。

2. 各层、各类创业教育制度初步建立

(1) 各类高校基础课程涉及创业相关知识

近年来，我国高校的企业管理课程中增加了创业管理方面的内容。如中国矿业大学，成立了创业学院，面向全校招收有创业意愿和一定创业基础的学生，进行全面创业知识的培养；面向全校学生开设了大量的创新创业类通识教育选修课；管理学院有多个专业开设创业管理课程。全国各类高校都开设了大量讲授创业类知识的课程。

(2) 初步建立专业性的创业教育制度

我国部分高校初步建立了专业性的创业教育制度，如北京大学先后成立了"中小企业合作发展促进中心"、"创业投资研究会"，清华大学成立了"中国创业研究中心"，复旦大学成立了"复旦创业与创业投资中心"。以上创业研究中心的工作均有了初步进展。一些关于"创业管理"、"创业学"的教材虽然大都根据国外资料编译，但也初步形成创业教育体系。如南开大学张玉利主编的《创业管理》教材，已再版到第4版。

(3) 社会性创业教育制度处于起步阶段

由于社会性创业教育制度的发展处于起步阶段，很多人不了解“创业”的准确含义，常将其与日常所说的“创业”相混淆。创业教育的社会性参与需要相关的制度调整，需要与创业教育的供需规律相适应，借助于社会市场调节机制，通过政策引导形成创业教育制度。

3. 逐步扩展创业素质培养内涵

我国围绕提升自主创新能力、建设创新型国家的主题，以培养高层次创业人才为重点，努力培养一批世界一流的创新创业人才团队，努力建设一支强大的科技型创新创业人才队伍。预计到2020年，研究开发人员达到380万人，高层次创新型科技人才达到4万人左右。

许多学校改变了乏味的灌输式教育，激发学生的探索热情，鼓励学生的创新思维。国家与学校通过国家科研项目建设、科研基地建设、国际学术交流合作，加强人才—项目—基地一体化建设，培养了一批优秀创新人才，形成了一批结构合理、协作规范、能够完成重大任务的创新团队，建设了一批高新技术创新科研基地。

与此同时，许多高校鼓励创新创业型人才深入企业进行实践锻炼，将高校以及科研机构的科研成果运用到企业中，转化为现实生产力。国家支持高校、科研机构创新创业人才以转化科研成果为目的创办的企业；注重在职创新创业人才的继续教育，加强海外创新创业人才的引进，完善引进人才的政策，为海外引进的创新创业型人才提供良好的就业环境和待遇。

(二) 我国大学生创业素质与能力培养中存在的问题

整体来说，目前在我国大学生创业素质与能力的培养上还存在许多问题。既有政府、高校和社会方面的问题，也有大学生本身的问题。

1. 政府、高校和社会还缺少对创业素质与能力培养的普遍共识

在我国，政府、高校和社会均对学生具有教育作用。在创业素质与能力培养的过程中，以上三个教育主体发挥着不同的作用，但在各自发挥作用的过程中，对创业素质与能力培养的认识仍然不够全面。

(1) 相对于需求来说，政府对大学生创业素质与能力培养的扶持较少

政府对大学生创业素质与能力培养的投入包括资金扶持、政策法规扶持以及舆论扶持。资金扶持(即信贷)方面，贷款支持步伐落后，应适当发放信用贷款，简化贷款手续，对贷款利率给予适当优惠。政策法规扶持方面，虽然制定了

一定政策法规，但政策法规执行力度不够，只有政府出台的政策法规被认真地贯彻执行，创业者才能确实享受到优惠政策。舆论扶持方面，目前政府鼓励大学生创业，但为大学生创造的创业氛围还不够，如良好的社会舆论、降低大学生注册公司的门槛。此外，为大学生创业者解决生活实际问题，如提供住房、解决将来子女受教育及户口问题等，这些方面的工作有待加强。

(2) 高校对大学生创业素质与能力培养的支持不够

高校对大学生创业的管理政策不够宽松。大学生全身心投入创业和大学生在学校以学习为主是相互矛盾的，大学四年由于存在毕业证书和学位证书的压力，很多学生担心创业影响学习，拿不到毕业证和学位证，因此能全身心去创业的学生很少。解决两者间矛盾的关键是学校出台相关政策，制定相对宽松的学校管理政策。目前我国高校大多数实行不完全学分制，这种学分制不利于学生提前毕业或推迟毕业，使得一些有能力创业的学生不得不先放弃创业。

(3) 社会对大学生创业素质与能力培养的重视不足

社会舆论方面，我国缺少对大学生创业的支持。曾有机构对北京、上海、广州 3 个经济发达城市的 900 多位居民做过调查，其中 67.5％的居民对大学生能力有所怀疑，28.9％的居民担心创业会影响大学生学习。可以看出，社会对大学生创业更多的是持怀疑甚至反对的态度。目前我国社会仍缺乏鼓励大学生创业的文化氛围，传统思想和计划经济的影响导致社会普遍存在不愿创业的现象。社会投资方面，企业、银行对大学生创业的风险投资不够重视，为大学生创业设置了一道道障碍。因此，由政府带领，联合企业、银行设置大学生创业基金是必要的。

2. 整体上大学生还缺乏对创业素质与能力培养的认知认同

无论在什么情况下，只有大学生自觉地提高自身素质，培养创业能力，才能使创业教育产生良好的效果。当代大学生自身在对待创业素质与能力培养的态度上以及掌握的知识和技能等方面存在很多问题，只有对这些大学生创业素质与能力培养方面存在的问题进行分析，才能够找到提升大学生创业素质与能力的更加有效的途径。具体来说，存在的问题主要有以下几方面：

(1) 动机意识弱、心理素质低

当代大学生尤其是理工科专业的大学生自初高中以来就一直在数理化的课程上花费大量的学习时间，进入大学以后，课程难度相比其他学科高，长期认真学习的习惯使理工科学生养成了勤奋、踏实的性格特点，正是这些长期形成的特点使得大学生在就业市场中广泛受到欢迎，找到一份跟自身专业相关的工作相对容易，导致其创业动机意识较弱，往往对自身创业素质与能力培养的意愿和关注程度并不高。对于有创业意识和想法的学生来说，心理素质是其在未来创业过程发挥重要作用的因素。自主创业的过程是辛苦的、风险未知的，对没有社会经验的大学生来说，无疑是一种严格的考验。如果对创业没有做好充足的心理准备，冲动地进入创业的浪潮，只会增大失败的风险。心理品质（如诚实守信、社会责任感、务实敬业精神、创新精神）和自我认知（如独立、毅力、自信、乐观等）是大学生必须加强的心理素质。

（2）实践经验少，主动性低

长期以来，由于高考指挥棒的作用，高中学生综合素质的培养一直被忽视，其参加各种课外社会实践的机会少之又少。等他们进入大学后，学校虽然积极地组织各种社会实践活动，给大学生创造参加实践、参加创业活动的机会，然而放下了学业的重负，他们却更愿意把课余时间放到打网络游戏或者娱乐聊天上，不愿意积极主动参加各类实践活动。参加创业实践活动是大学生培养自身创业素质与能力非常重要的途径，只有通过积极参加创业实践活动，大学生才能真正了解到在未来的创业过程中可能会遇到的一些问题，当遇到这些问题之后应该如何想办法去解决。然而，现在有部分大学生认为创业实践活动只是为了少数有创业想法的大学生而准备的，与自身并没有什么有用的关系，从而不能积极主动地投入到创业实践活动中去。其实这种观点是非常错误的，参加创业大赛是参加课外实践活动，参加课外学术活动也一样是参加课外实践活动，参加其他的创业体验性的活动也一样是参加社会实践活动。即使毕业以后不会去从事创业活动，对大学生自身来说参加社会实践也是能够提高自己的素质、能力以及竞争力。所以大学生应该用积极主动的态度投入到创业实践活动中去。

（3）氛围意识强，偶像情结高

现在的大学生大多还是独生子女，成长的环境和家庭经济条件普遍要好些，视野比较开阔，获取资讯的方式也相对较多。随着我国创业潮的兴起和创业培训的深层次发展，很多大学生已经对创业有一定认识，并开始接受这种新的就业方式，但尚未真正与自己的学习目标结合，没有形成理性、自觉的创业意识。

在当代大学生成长的过程中，往往会把与自己有相似情况并且成功的人作为自己的偶像，当作自己的榜样。他们对于创业成功的人，特别是年轻的创业者，存在崇拜的情结，往往会把这些人作为自己的偶像，希望以后能成为像他们那样有能力的人，而没有从自身角度去考虑如何创业。很多学生片面地把创业理解为特殊人干的事业，认为只有高科技、高投入才能算得上创业；有些学生甚至认为创业是下岗工人不得已而为之的事；有些学生“视金钱如粪土”，将创业视为拜金，尚未对创业形成一种积极向上的心态。一些有创业意向的学生往往随大流，不考虑自身是否具备创业条件，缺少对市场的了解而一味追求热门行业。

(4) 创业能力不强

创业者的创业能力是影响创业成功的主要因素，是将自身的创业理想成功地转变为实践的能力。清华大学中国创业研究中心在其发布的《中国创业活动评述——全球创业观察中国报告要点》中提出：我国创业机会多，但国民创业能力弱。据统计，大学生创业水平普遍较低，创业成功率也低于社会群体，他们对自身创业能力缺乏信心，内心充满焦虑和矛盾。近几年来，国家加强对高校学生的创业教育和引导，但结果不尽如人意，有创业意向的学生增加但真正付诸实践的学生很少，创业成功者更是凤毛麟角，自主创业的学生中 85% 以失败告终，只有很少一部分学生创业成功。

二、大学生创业素质与能力的提升

对于有较强创业意愿的大学生来说，亟须提高自身的创业素质与能力，可以从以下几方面着手。

(一) 客观认识自我，建立良好心态

当代大学生大多出生在 20 世纪 90 年代末，大都没有在生活和物质上经受过锻炼，使得如何客观评价自己成为大学生的普遍问题。大学生往往在未来道路选择面前显得非常迷茫，缺乏坚定的意志。在从事工作的过程中，缺乏战胜困难的勇气和必要准备，这将阻碍其长远发展。因此，大学生必须逐步掌握正确认识自我、评价自我的方法，有效建立起良好的心态。随着经济的提速和社会的发展，大学生必须重新塑造自己，培养成才意识、自立意识，建立良好心态，以此满足社会对人才的新要求。特别是对于理工科大学生来说，以专业技术为基础，客观地认识自我，树立良好的心态，总结自身的强处和弱点，取长补短，才能拥有竞争力，处于职业发展的不败之地。对于创业动机意识强的学生，必须在分析自身、考虑外在、做好策划等方面充足准备，必须以客观事实、有效数据为基础，形成创业想法。要学会分析个人创业可行性，包括自身性格、行业选择、创业计划客观性等。在过往的多数大学生创业案例中，因眼高手低和没有客观评价自己等原因而失败的个案屡见不鲜。客观事实是，创业并非适合每位大学生，但是创业所需的素质与能力中的乐观、自信、诚实等潜质是每个大学生都需具备的。我们知道创业的道路存在着很多的未知和风险，时时刻刻存在着意外、挫折和困难。若是缺乏心理准备，在麻烦到来的时候，就容易陷于被动，甚至崩溃。因此，创业成功的关键因素在于具备良好的心理潜质，不断增强面对挫折困难时的信心和勇气。具体到理工科大学生，必须在学好专业基础的同时，增强创业心理、心态的锻炼，学会与人沟通的技能。有很多理工科大学生由于人际交往能力较

低，更加需要多参加学校组织的各种社团活动，拓宽视野和交往的范围，在与同学的沟通交流中建立良好的心态。

（二）增强自主学习能力，提高综合能力

随着科技的高速发展，知识更新的频率提升，现代信息科学技术为高等教育提供了更多、更全面的信息渠道。随之而来，增强信息掌握水平和提高自主学习能力也成为当代大学生的新课题。大学生自主学习，是指大学生在熟练地掌握本专业知识的同时，通过不断的学习来完善自我、丰富自我。大学生的人生观和价值观也一定程度地在其自主学习的情景中体现。培养大学生的自主学习能力，也是改变大学生创新意识薄弱的重要途径，是全面提升大学生综合素质的客观需要。

首先，大学生要领会自主学习的真正内涵、特点以及对其自身职业诉求的作用等，只有这样才能真正地学会自主学习。我们知道，强烈的个人兴趣是激发大学生开展自主学习的第一动力，因此，清楚认识个人性格特点，摸清自我职业兴趣点，激发自主学习乐趣，大学生就能从内心积极、主动地进行自主学习。

其次，大学生要培养独立学习与合作学习相结合的策略。自主学习的基本条件是大学生要掌握独立思考和学习的能力，然而自主学习不能简单地理解为一个人单独的学习，大学生要积极与人沟通，在和他人积极的合作中增强对自身的了解，解决自身的问题。自主学习也需要明确目的以及掌握有效的方法，不仅要学会有选择性地学习，同时更要增强自我约束力。大学生在自主学习方面应注重增强个人意志力培养以及自控能力，通过学习引导个人成长发展，以便更有效地完成自主学习。同时，要提倡大学生学会自我评价和自我监督，在学习中对自己的学习状况进行客观的认识和评价，全方位掌握自己所取得的进步和存在的问题，监督自我学习计划的完成情况，知道自己什么时间该做什么，并认真地去完成，减少外界干扰因素的影响，保证自主学习的质量。

最后，大学生要学会自我培养、自我发展，为创业奠定坚实基础。第一，要加强创业精神和创业意识的自我培养。最重要的创业素质是创业精神和创业意识，进而由此萌发创业想法迈出创业重要的一步。以此分析，大学生在校期间应秉承善于发现问题、质疑问题的宗旨，充分发挥个人想象力、观察力、创造力，增强主动性，创造机会提高自己的创新精神、锻炼自己的创新能力。第二，要积极参与创业实践活动、积累创业经验、提高创业能力。具备了创业精神和创业意识仍远未达到具体要求，大学生须通过参加各项实践活动来锻炼自我、积累经验，在成长的同时培养所需的管理、协调、组织等综合素质。第三，要锻炼提升组织能力、领导能力、合作能力、协调能力、社交能力。以兼职工作为例，多数学生所做兼职工作与个人专业不符，多为简单、重复性的体力劳动工作，但个人忍耐力、处理问题的能力和交际能力等在此过程中能够得到充分提高。除此之外，通过社会实践，能使自己的信息收集能力、策划能力、团队合作能力等在系统的、全面的活动中得到有效锻炼；通过参加行业协会，体验校园中所不具备的商业氛围，认识更多拥有相同创业意愿的朋友，多视角掌握行业信息；通过创业模拟等活动，展示自己的创业能力；通过参与学校的创新实验、创新基金等项目，提升科研水平，增强实际动手能力；通过企业实习，深入了解企业，更细致地学习管理企业的经验，为创业打下坚实基础。

例如中国矿业大学的张宁同学，刚上大学时，在其辅导员李琳老师的创业启蒙教育下，萌生了制作机器人的想法，从此一发不可收。为了掌握相关知识，他泡图书馆、实验室，咨询学长、请教老师……功夫不负有心人，张宁逐渐娴熟地掌握了机器人技术，并多次参加全国机器人大赛。

2012 年，张宁成立了国内首个由大学生发起建立的机器人创客组织“中国机器人创客联盟”，并入驻学校大学生模拟创业园：网上，他开辟“创客之家”交流平台；线下，他提供“机器人制作”第二学习课堂。2013 年，他的创客联盟成为国家级大学生创业实践项目，并获得 10 万元创业基金资助。

2014 年，张宁读研后，开始了从模拟创业到实体创业的转变。同年 6 月，他注册成立了徐州木牛流马机器人科技有限公司。公司很快研发推出“MakerBox 机器人学习套件”，该产品相比之前市场上仅有的轮式机器人套件更加逼真、先进，在关节类教育机器人市场占领了先机，公司销售额很快突破了百万元大关。一年的时间内，他推出了三代艾倍特人形机器人。同时，他与国家电力智能机器人研究所等多家机构达成了深度合作，获得了 2014 江苏省大学生优秀创业项目资助。2016 年 3 月他的团队荣获首届全国大学生网络创业大赛总决赛唯一特等奖。

（三）做好职业生涯规划

职业生涯规划是指个人和组织相结合，在对一个人职业生涯的主客观条件进行测定、分析、总结、研究的基础上，对自己的兴趣、爱好、能力、特长、经历及不足等各方面进行综合分析与权衡，结合时代特点，根据自己的职业倾向，确定其最佳的职业奋斗目标，并为实现这一目标作出行之有效的安排。对年轻人而言，职业选择是否适当，将影响其将来事业的成败以及一生的幸福；对社会而言，个人择业是否适当，决定了社会人力供需是否平衡。如果每个人都适才适所，那么，不仅每个人都有发展的前途，而且社会亦会欣欣向荣；相反，则个人贫困，社会问题丛生。因此，职业选择对一个人及社会都有极重大的意义。

如今,创业已经成为大学生职业选择的一种。但是,创业是一个实践性很强的过程,要求创业者不仅要拥有创业精神、创新意识,同时还要具备足够的创业能力。创业能力与新创企业成败直接相关,创业能力强,则创业成功率高,反之则低。

有没有一些方法和规则,可以让后来者也步入成功的殿堂呢?这个答案是肯定的。因为人生需要理想和目标,创业也需要提前规划,正所谓“立志要早”,也就是做好职业生涯规划。比如在20岁时就要明确自己到30岁时要成为一位企业家,并且在10年间矢志不渝,这样就会因为目标明确而成为创业的成功者。图1-4为成功人生的策划阶段。

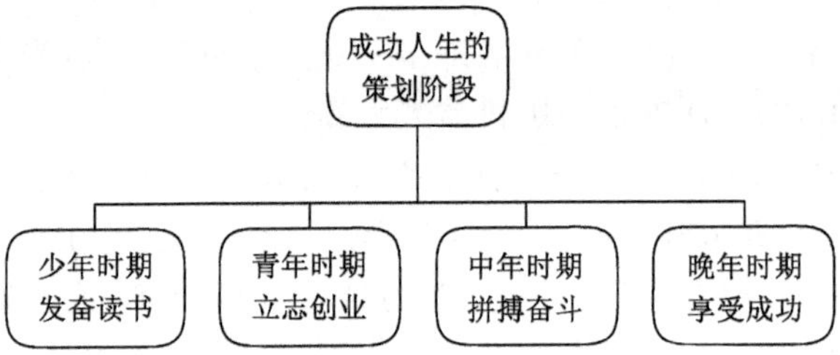

图1-4 成功人生的策划阶段

当大学生选择了创业这个没有上司的职业之后,就成为一名真正的创业者,这时就需要自我管理、自我决策、自我规划。因此,在选择创业前,应该进行创业实践训练,向成功的企业家学习,在实践中提升和练就自己发现问题、解决问题的创业能力,然后再去创业,无疑可以大大提高创业的成功率和成就感。

【案例学习1-2】一个园林绿化工程公司老板的创业成功规划①

现实基础:徐良是一名职业院校毕业的学生,在校学习了两年,具有与园林绿化相关的知识基础。

第一阶段目标:通过拜师学艺的方法,在实践中边干边学,积累了实践操作经验。

第二阶段目标:在了解掌握了园林栽培技术后,调查了解到花木市场较好,建立了一个花木场。

第三阶段目标:花木场运营后,又组建了园林绿化工程队,加长了产业链。

① [资料来源]李肖鸣,孙逸,宋柏红.大学生创业基础(第3版).清华大学出版社,2016.

远期目标：已经完全掌握了园林绿化的全套技术，具备了独立开办园林绿色工程公司的经验和能力。园林绿化工程公司的创业规划如图 1-5 所示。

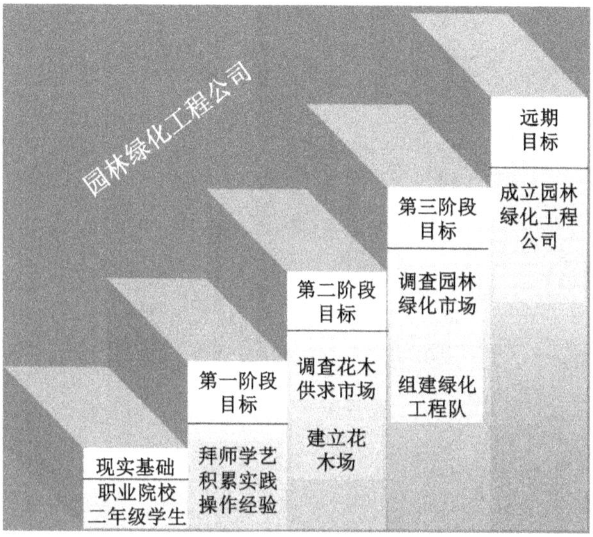

图 1-5 园林绿化工程公司的创业规划

第二章　大学生创业环境分析

学习目标

通过本章的学习，使大学生了解创业环境的概念、特征与内容，掌握大学生创业环境分析的框架与内容，为创业选择决策提供环境依据。

第一节　创业环境的概念、特征与内容

本节要点

大学生创业环境的概念与特征；创业环境对大学生创业的影响；大学生创业环境分析的原则；大学生创业宏观环境分析的具体内容。

大学生创业活动是在一定的创业环境下开展的，无论是创业机会的识别、开发与利用，或是创业资源的整合，还是具体的创业企业的管理与运营，都会受到创业环境的影响。创业机会是创业过程的初始阶段，这种机会也必然是产生于一定的创业环境之中。一个新企业获得资源以及在市场上进行竞争都离不开所处的环境背景，创业环境被看成是一个开放的系统，而新企业的创建过程应该是一个复杂的、多维度的现象，创业环境的好坏从各个方面都会影响到企业的创建及发展。当企业创建成功之后，为了不断地成长和发展，还要进行一系列的后续创业活动，保证企业能够不断地创新，这样才能在社会上立足。因此，大学生在从事创业活动时，需要透彻地了解和分析创业环境。

一、大学生创业环境的概念与特征

创业环境是个体或群体作出创业决策所需要直接考虑的物理和社会因素的总和。大学生创业环境是指对大学生创业活动产生影响的各种外部因素的总和，也是创业环境的子环境。目前，我国在社会和文化规范、法规政策、创业教育、税收优惠等方面为大学生创业提供了更为宽松的环境。大学生创业环境具有以下特征。

1. 整体性

环境是一个由各要素相互作用、相互联系而组成的有机整体，创业环境的各要素也是相互联系、相互影响而存在的。由于整体性的特征，在研究大学生创业环境时应该运用系统的原则和方法，从整体的角度来考察，不能割裂各要素之间的联系仅仅研究个体要素的表现。

2. 主导性

在大学生创业环境的各要素中，总有一个或几个要素在某一阶段的发展中居于主导地位，即在创业环境这个整体中规定和支配着其他的要素。因此，对主导要素的了解具有特别重要的意义。

3. 可变性

大学生创业环境总是不断发展变化的，经济结构的调整、政治制度的变革、市场需求的改变、消费水平的提高等都极大地影响着创业环境，因而需要用动态的观点来看待。

4. 差异性

大学生创业环境是一个空间概念，所在的区域不同，内容也不尽相同。区域政治、经济、人文等方面的差异，导致了创业环境的差异。

二、创业环境对大学生创业的影响

（一）对创业机会的影响

在一定的社会、文化和政治氛围下，创业环境条件影响创业机会和创业能力，创业机会和创业能力在创业者的努力中进行匹配，产生创业活动。创业环境影响创业机会的产生、性质、发展、实现及实现的因素和结果等。

Timmons认为创业机会主要是来自于改变、不连续的或者是混乱的状况，他总结了这种状况的7种类型，也就是创业机会的7个来源：法规的改变、技术的快速变革、价值链重组、技术创新、现有管理者或者投资者的管理不善、战略型企业家以及市场领导者的短视。无论是哪一种状况，这些创业机会都是产生在其所处的环境当中。当政府政策有所变化，如对某个行业的进入限制减少，那么可能会有更多的人进入这个行业，这就使得在这个行业的创业机会增加。如果社会经济处于良好的状态，预计未来增长潜力大，势必会有更多的机会可以供创业者选择。来自政府的资金支持或非资金支持也会改变创业机会的数量和质量，还有对这些机会的利用率的影响等。如果企业可以比较方便或容易地获得资金支持或者是低息贷款，这些机会都会影响到企业或者个人的创业活动。所以，创业环境可以影响创业机会的产生。

创业机会的识别需要处在一定的环境当中，当环境发生变化，势必会对创业机会的识别产生影响。机会的识别与发现又直接影响了机会的实现，因为没有创业机会的发现，就不可能使创业机会被创业者利用，从而达到创业机会的实现。在创业环境中，各个要素会影响创业机会的实现，如良好的教育和较高的技能会给创业者带来更好的创业成果，这种教育和培训可以提高创业者的创业意识、创业能力以及创业机会的洞察力，从而影响创业机会的实现。在社会经济环境下，家人如果能够从反对创业者到支持创业者，或者是社会对某些典型的创业活动给予高的评价、赞誉，那么原本很多有创业的想法，但是没有创业行动的人可能会加入到这个行业。基础设施也影响创业机会的实现，因为它是创业机会实现的物质基础，而创业者在进行创业机会选择的时候，必须考虑到这些基础设施的状况。从上面的分析可以看出，创业环境影响着创业机会的实现。

（二）对创业者素质与资源获得的影响

Swanson 和 Webster 研究发现，社会对创业的态度会对创业者的信心产生影响，社会对创业的负面态度使创业者产生负能量。杜海东基于对深圳硅谷创业园 105 家新创企业的问卷分析，得出主要结论：教育与培训、技术环境、市场环境、基础设施、政策环境、融资环境主要会对新创企业的运营性资源的获取有影响。其中，政策环境、融资环境和市场环境的影响作用最为明显；技术环境、教育与培训、市场环境主要对新创企业知识资源获取有影响，市场环境、教育与培训的影响作用最为明显；各创业环境要素都会通过资源获取影响新创企业的绩效。

（三）对创业绩效的影响

创业环境对创业绩效的影响研究主要反映在两个方面：一是创业环境对创业绩效的直接影响，即在一定的创业环境下，会产生既定的创业绩效，也就是所谓的环境决定论，体现在总体宏观的分析层次。Lerner 等的研究证明环境与新创业企业绩效的相关关系；Aldrich 和 Maraiex 认为组织生存不但依赖于战略层面的选择或环境自身，更重要的取决于创业组织自身努力与环境之间的匹配关系。二是创业环境对新创业企业绩效的调节作用，此部分研究主要体现在创业环境特性上，如创业环境特性对创业导向与新创企业绩效关系的调节作用。Wkland 和 Shepherd 在研究创业导向和小企业绩效时，提出了环境动态性和宽松性对创业导向和小企业绩效关系的调节作用，认为环境动态性的调节影响是不明显的，而环境宽松性具有积极的调节影响。国内研究较为典型的是崔启国基于网络视角的创业环境与新创业企业绩效的影响研究，从网络角度对创业环境与新创业企业绩效进行实证分析。另外，Hansen 在其研究中发现在新创业的前组织阶段，创业者网络行为能够提高该新创企业未来的成长概率，而这一结果也获得了统计上的显著性。Aklrich 在研究中发现，对于成立年限长于 3 年的企业来说，创业者的社会网络规模与企业赢利性之间正相关。Reese 从美国小企业中心收集了 353 家企业的数据，对组织创立过程中的资源获取问题进行了检验，其研究发现部分支持了创业者社会网络与新企业绩效之间存在正相关关系。Reese 认为，更大的创业者社会网络等同于更高的企业成长机会。

三、大学生创业环境分析的原则

创业环境是一个很抽象的概念，既有客观的条件因素，也有主观的文化和感觉因素。为了对创业环境有一个科学的认识，需要建立评价指标体系来对创业环境进行系统的了解。在建立评价指标体系时，应遵循以下几项原则。

（一）全面性原则

影响创业环境的因素有很多，既有内部因素，也有外部因素；既有宏观因素，也有微观因素；既有社会因素，也有自然因素。这些因素涉及市场、行业、经济、政治、社会等各个方面。因此，在评价创业环境时，要全面分析，综合考虑。

（二）相关性原则

创业环境分析的目的在于帮助大学生创业者评估过去、了解现在、预测未来，进而帮助创业者作出正确的创业决策，如行业选择决策、产品决策、市场决策等，所以环境信息必须具有相关性。创业环境分析，只需要分析那些可能影响创业者创业决策的信息。

（三）重要性原则

在坚持全面性原则的基础上，对影响创业环境的指标进一步分类，保留关键要素，去掉对创业环境影响不大的因素；同时，考虑不同地区、不同省份、不同历史阶段的差异性，对创业环境指标体系进行调整。

（四）科学性原则

创业环境评价的科学性体现为评价指标和评价方法的科学性。对于评价指标而言，科学性表现在两个方面：第一，基于实践和实证确定评价指标；第二，参考国外评价指标体系的同时，结合中国实际确定。在评价方法上，既要有定性的分析，也要有定量的分析。

四、大学生创业环境分析的具体内容

环境分析包括宏观环境、行业环境、微观环境及自身环境。宏观环境又称为总体环境，是指那些为创业活动提供市场机会或造成环境威胁的主要社会力量，包括政治经济、政策法律、社会文化、人口、技术和自然环境等因素。行业是指提供同一类产品（或服务）或提供具有可替代性产品（或服务）的企业群。行业环境主要包括行业基本经济特征、行业的生命周期、行业竞争结构和行业发展趋势等因素。微观环境是指企业的顾客、竞争者、供应链、营销渠道和有关公众等对企业经营活动产生直接影响的各种因素。自身环境主要包括创业者拥有的资本、资源、能力和关系网络的状况。不同的行业不仅对资源的需求是不同的，而且创业成功的关键因素也是不同的。

第二节　大学生创业的宏观环境分析

本节要点

了解我国大学生创业宏观环境，掌握大学生创业的相关政策。

全球创业观察（Global Entrepreneurship Monitor，简称 GEM）将创业宏观环境归为金融支持、政府政策、政府项目、教育和培训、研究开发转移、商业环境和有形基础设施、国内市场开放程度、实体基础设施可得性、文化及社会规范九大要素。良好的政策法规环境会促生更多的创业机会、减少创业成本，并为创业者提供更好的服务，增加创业者的动力和信息；良好的金融环境是创业成功和新创企业可持续发展的重要保障；良好的科技环境能够帮助创业者以较低的成本获得创业所需要的技术，有利于科技成果向产品的转化；社会文化环境传递着社会对创业的关注态度、容忍程度及相关的支持力度，良好的社会文化环境会营造良好的创业氛围，影响人的观念，减少创业成本。GEM 宏观环境分析模型如图 2-1 所示。

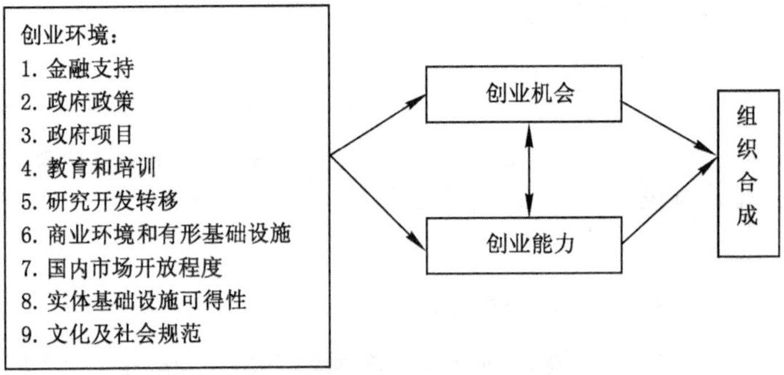

图 2-1　GEM 宏观环境分析模型

一、我国大学生创业宏观环境分析

（一）金融支持

金融是现代经济的核心，是创业活动必不可少的因素。任何创业活动最初产生时，除了好的产品技术、运营模式、团队组织以及市场潜力外，金融支持是创业能否成功的决定性因素。创业环境的金融支持主要是创业企业在获得金融资源上的渠道和可得性，即金融资源由何而来、为何而来、如何获取、怎样赢利、安全保障、持续机制等。

从 GEM 参与国家和地区的情况来看，创业企业的资金来源主要有三个途径：一是私人权益资本，包括自有资金、亲戚朋友借贷和引入私人股权筹集资金；二是创业资本融资；三是二板上市融资。一般而言，在创业企业的早期阶段，主要以私人权益资本和创业资本两种形式为主。从全球范围看，创业的金融支持最主要的来源是私人权益资本，只有以色列是一个例外。

在经济社会发展程度较低或者说金融体系不够完善的阶段，创业资本主要来源于债务和权益资本。当经济社会发展到一定程度时，风险资本和上市融资等金融支持作用日益显著，并发挥着越来越重要的作用。选择哪种金融支持渠道取决于融资来源的成本和风险程度以及企业所处的经济社会发展阶段，很大程度上创业企业没有自己的决定权和选择权。中国创业的金融支持最主要的来源是资金、亲戚朋友投资或其他的私人股权投资。

（二）政府政策

政府的创业政策是指政府激励创业的政策，包括对创业活动和成长企业的规定、就业的规定、环境和安全的规定、企业组织形式的规定、税收的规定等。政府政策包括中央政府和地方政府的政策。我国政府在为创业提供的政策方面，与 GEM 其他成员相比有优势，也有劣势。

中国地方政府在制定政策时把新成立和成长型企业放在优先考虑的地位，但是中央政府没有表现出同样的导向。相对于 GEM 其他成员，我国初始企业的税务负担比较低，而且，创业企业面对的税务和其他管制是相对稳定的。我国地方政府对新成立企业优先扶持，而且税收政策方面也是明显优惠于其他国家。但是，我国在政府政策方面的劣势也很明显：一是政府通过直接扶持促进创业方面低于均值，对新企业的成长没有起到积极作用；二是新企业的审批成本高，对该项的评价值已经接近均值水平。因此，中国在政府直接扶持、中央政府政策制定和新企业审批效率方面仍有差距。

（三）政府项目

GEM 认为，政府项目是政府政策的具体化，是创业环境的独立要素，其内容既包括提供资金和政策支持的项目，也包括政府为创业提供服务、支持和帮助的组织项目，其内容主要包括获得政府支持、有足够的政府项目保障、政府服务效能和众多需要帮助的创业公司等。研究表明，以这些内容为标志的政府项目在促进创业活动方面作用有限，特别是从政府对新成立和成长型企业支持项目的有效性来看，没有一个参与 GEM 的国家和地区对于政府项目的有效性给予肯定的回答，这至少说明两个问题：一是政府项目本身还存在着一定的局限性，在促进创业活动过程中，政府项目数量偏少、功能单一、内容简单、水平较低，无法满足创业活动的需要。二是衡量政府项目的具体内容还有遗漏，没有完全囊括主要影响因素，需要进一步补充完善。

与 GEM 的其他参与国家和地区相比，我国在政府提供资金和政策支持的项目方面有明显的优势。例如，我国的科技园和孵化器对创业的贡献就比其他国家和地区大得多，这是我们在政府项目上的优势，应该保持。但是，在政府为创业提供服务、支持和帮助的组织方面，我国明显处于劣势。

（四）教育和培训

创业者的素质对创业活动的起点层次以及成功与否具有重要意义。从某种意义上讲，受到较好教育和技能培训的创业者，在创业过程中能够更好地洞察和把握创业机会，将潜在创业机会变成创业行动和商业模式，其成功的概率要远大于没有受到良好教育和培训的创业者。因此，教育和培训是创业活动得以顺利开展的必要条件，也是创业者将潜在商业机会变为现实的基础。

中国与其他 GEM 参与国家和地区在教育与培训方面相比处于落后水平，在所有关于创业教育的问题上，中国的水平均低于 GEM 参与国家和地区的均值。我国的中小学教育中对鼓励创造性、自立和个人的主动性方面，在提供关于市场经济的知识方面，以及在关注创业和创办公司方面，与国际上做得好的国家和地区相比差距很大，但是，基本上仍处于中等水平。而在商业、管理教育方面的水平和创业类的课程和项目方面，我国与其他 GEM 参与国家和地区相比也存在明显的差距。

（五）研究开发转移

Powers 和 McDougall 研究认为大学及科研机构是企业获取技术的重要渠道，企业可以通过购买大学及科研机构的专利获得技术，也可以与大学或科研机构合作研发获得技术，大学及科研机构为新创企业提供了良好的技术研发和技术扩散环境。《全球创业观察中国报告：基于 2005 年数据的分析》认为：技术环境主要表现在研究开发转移上。研究开发转移与创业之间的关系涉及以下几个方面的内容：① 研究开发成果是否能够从它的发源地（如大学、科研机构）通过新创企业走向市场；② 新创企业是否与大公司具有同样的机会接触到新研究和新技术；③ 研究开发成果实现转移是否具备转移的条件；

④ 知识产权保护等。

研究开发的转移过程是否顺利，从结果上看是研究开发转移是否实现了商业化。但是，从过程上看，是创业是否有效率，创业者是否能够抓住技术和商业机会。相对于GEM参与国家和地区，我国的研究开发成果能更好地从发源地通过创业企业向市场转化；而且，创业企业在接触新技术、新研究上与大企业具有相同的机会。我国表现出较强的科技基础，具备支持个别领域的创业企业成为世界水平技术型企业的能力。

比较落后的方面是研究成果转化的条件差，无论是企业的承受能力，还是在政府资助方面，还不能满足创业过程中研究开发转移的效率要求。我国研究开发成果的转移工作应该有针对性地重视改进转化条件。在知识产权保护方面，我国全面落后，知识产权法规的制定和实施难以起到实效，非法销售盗版软件、影像制品等的存在还非常普遍，这也使得新创公司很难相信它们的专利和技术能得到有效的保护。

(六) 商业环境和有形基础设施

商业环境和有形基础设施是综合商业环境的两个方面。其中，有形基础设施主要是指为创业企业提供各种专业化服务的资源条件；商业环境主要是指为创业企业提供这些服务条件的各种中介组织的发展程度和使用成本。从这个意义上说，创业活动所需的综合商业环境至少包括四个方面内容：一是存在哪些资源可以给创业企业提供创业服务；二是这些创业服务包括哪些具体内容，其内在服务结构如何；三是创业企业通过什么样的方式能够得到这些服务资源和服务项目；四是获得这些服务的价格能否为创业企业所承受。综合商业环境实际上就是创业企业生长过程中的专业化资源配置方式，通过这一方式，创业企业能够最大限度地获得创业过程中所必需的专业化服务，克服信息不对称和技能不全面的障碍，集中自身优势于创业活动之中，在差异化竞争中增大自身创业成功的概率。

我国的商业环境，即创业的一种软环境，并不尽如人意。我国创业企业在获得资源和是否使用得起这些服务和资源方面所处的状况为：GEM总体表现差，我国情况更差。而在获得金融和非金融服务方面，我国创业企业所处的状况为：GEM总体表现好，但我国情况较差。

(七) 国内市场开放程度

国内市场开放程度实质上是衡量一个国家市场进入壁垒或市场封闭程度的

指标，主要是创业企业在进入市场时是否面临着既定行业或垄断主体设立的隐性或显性障碍、是否面临着现有市场竞争主体间的公平竞争机会以及政府部门的差别性政策歧视。同时，这一指标对市场的变化情况也较为敏感，市场的稳定程度和变化情况是其考察的重要方面，市场波动变化中蕴含着丰富的市场机会，其波动程度与机会存量成正相关关系。波动变化较大的市场行业进出频繁，成熟公司同样面临着外部竞争者的挑战，不易设置不公平的市场壁垒妨碍新成立和成长型企业的进入，难以形成稳定的市场垄断地位，创业企业的进入壁垒降低。对于创业企业来说，进入波动变化较大的市场比稳定平衡的市场会面临更多的创业机会、更低的创业成本和更公开的市场竞争环境，从而也更容易获取成功。

我国的市场正处于“双高”时期。一是市场的增长率高，每年市场都在不断扩大；二是市场的变化率高，产品更新快，产业成长和衰退快。因此，对于创业企业来说，中国目前的市场环境提供了一个难得的机遇。

在创业环境分析中，市场变化大是我国唯一接近 GEM 最高水平的方面。在进入壁垒方面，我国有一定优势的方面还表现在创业企业的进入成本相对较低。

（八）实体基础设施的可得性

在 GEM 的分析框架中，其早期的研究将商业环境和有形基础设施两个方面的条件作为一个环境要素进行比较，其中，商业环境包括创业企业能够获得的有效资源、专业服务、找寻途径和使用代价等；有形基础设施主要包括创业企业在发展过程中所面临的外部硬件环境，即创业企业是否能够有效得到道路交通、公用设施、网络通信等日常发展所必须的条件支持，以及这些支持对于创业企业的吸引力。随着经济社会的进步，实体基础设施的硬件建设逐步完善，其重要性更多地体现在这些基础设施对创业企业的吸引力上面，即实体基础设施的吸引力和辐射性。在实体基础设施的可保性方面，我国情况较好。

（九）文化及社会规范

在 GEM 的创业环境研究框架中，文化及社会规范是最宽泛的要素。尽管文化及社会规范是一个大文化概念，几乎涵盖经济社会的方方面面，其对于创业企业的支撑作用很难衡量，但是在 GEM 看来，这并不影响创业企业对这一要素的重视和依赖。实践证明，文化及社会规范与创业活动之间具有高度的正相关性，凡是社会对个人创业的态度好的地区，其创业活动就更活跃，反之则相反。在民族文化中，创业是否是社会中大多数人理想的职业选择、创业者在社会中享有的社会地位、创业精神、创业实践、创业技能的宣传、教育和培训以及对创业失败的包容、创业风险的承担等，都是其考察和衡量创业环境的重要依据。另外，在文化及社会规范中还包含着个人与集体亦即创业企业面临的员工与企业以及私人与团队的关系处理问题，越是两者能够有效互动共促的企业，其创业活动也就更容易创造社会价值，赢得竞争优势。

我国的文化及社会规范中，对个人创业持积极态度。我国的文化中提倡自立，鼓励人们通过个人努力取得成功，也鼓励创造和创新精神，鼓励创业者承担相应的风险。总之，我国的文化有利于个人创业。在我国的文化中，对于创业中个人与集体关系的处理，尤其是个人责任与集体责任的关系上有不足的成分，个人在分清责任和承担责任与混淆责任和推卸责任方面应该有更明确、合理取向。

比较而言，我国的文化及社会规范对鼓励个人创业具有积极作用，但是，在构建良好的个人与集体的责任关系上，我们需要做一些改变，应该提倡个人的责任心和团队精神。

二、我国大学生创业的相关政策

创业政策是指政府以支持新创企业为主，为激发人们的创新精神并提高其创业能力而采取的一系列政策措施。

（一）国家优惠政策

近年来，为支持大学生创业，国家和各级政府出台了许多大学生创业优惠政策，涉及融资、开业、税收、创业培训、创业指导等诸多方面。

2012 年 11 月党的十八大召开，十八大报告提出："引导劳动者转变就业观念，鼓励多渠道多形式就业，促进创业带动就业"。

2013 年，国务院办公厅发布《关于做好 2013 年全国普通高等学校毕业生就业工作的通知》（国办发〔2013〕35 号），要求各地区和各有关部门积极完善创业政策，对自主创业高校毕业生进一步放宽准入条件，降低注册门槛，给予小额担保贷款及贴息、税费减免等政策扶持。同时要求积极推进大学生创业孵化基地建设，为自主创业高校毕业生提供"一条龙"创业服务。财政部、人力资源社会保障部和中国人民银行发出《关于加强小额担保贷款财政贴息资金管理的通知》（财金〔2013〕84 号）进一步完善了小额担保贷款的贴息政策。2013 年 11 月，党的十八届三中全会通过的《中共中央关于全面深化改革若干重大问题的决定》提出，要健全促进就业创业的体制机制，完善扶持创业的优惠政策，形成政府激励创业、社会支持创业、劳动者勇于创业的新机制。会议对包括金融体制、财税体制、行政体制等方面提出了深化改革的方案，并把非公有制经济提到了更为重要的地位，这些都表明政府对大学生创业的重视，并从创业大环境上将提供更加宽松的政策支持。

2014年5月,《人力资源社会保障部等九部门关于实施大学生创业引领计划的通知》(人社部发〔2014〕38号)提出2014～2017年实施新一轮"大学生创业引领计划",明确提出了实施新一轮"大学生创业引领计划"的预期目标。同时要求各地有关部门要从普及创业教育、加强创业培训、提供工商登记和银行开户便利、提供多渠道资金支持、提供创业经营场所支持、加强创业公共服务六个方面综合施策,为大学生创业提供支持和服务。随后,《国务院办公厅关于做好2014年全国普通高等学校毕业生就业创业工作的通知》(国办发〔2014〕22号),提出"要充分发挥市场配置人力资源的决定性作用,着力改革创新,完善政策措施,强化就业创业服务,改善就业创业环境,引导高校毕业生转变就业观念,力争实现高校毕业生就业和创业比例都有所提高"的要求。随即,教育部出台文件,"允许在校学生休学创业"。

2015年2月,《人力资源社会保障部关于做好2015年全国高校毕业生就业创业工作的通知》(人社部函〔2015〕21号),将切实抓好就业创业政策的落实放在首位,强调各地要将高校毕业生创业的税收优惠、小额担保贷款、创业培训和创业服务等各项优惠政策落实到位,"确保政策落实'最后一公里'畅通"。随后,政府颁布文件,加大对小微企业税收的优惠力度,简化行政审批程序,以此促进创业环境的优化。2015年3月,全国"两会"召开,"大众创业、万众创新"被正式确立为我国经济转型和保增长的引擎之一,由此,开启了全民关注创业、万众支持创业的新时代。

以上优惠政策是国家针对所有自主创业的大学生所制定的,具体在实施方面可能会有一定的差异。各地政府为了扶持当地大学生创业,也出台了相关的政策法规,而且更加细化、更贴近实际。

(二)教育部"创业引领计划"

2010年,教育部颁布了《教育部关于大力推进创新创业教育和大学生自主创业工作的意见》(教办〔2010〕3号),推出一系列"创业引领计划"。从当年4月起,教育部与中国教育电视台合作,在晚间黄金时段"职场中国"栏目,举办"创业有道"系列电视讲座,邀请创业教育家和成功创业者为大学生传道授业;5月,教育部邀请李开复、俞敏洪等知名创业型企业家,参与教育部高等学校创新创业教育指导委员会的工作,针对目前高校创新创业教育工作,提出建议,开展咨询。

与此同时,教育部与财政部、人力资源社会保障部等部门,联合推出高校毕业生"创业引领计划",放宽高校毕业生创业市场准入条件、高校毕业生个体经营收费减免政策等多项优惠政策。

2015年，教育部颁布了《教育部关于做好2015年全国普通高等学校毕业生就业创业工作的通知》(以下简称《通知》)，其中提出高校要建立弹性学制，允许在校学生休学创业。鼓励扶持开设网店等多种创业形态。加大对大学生自主创业资金支持力度。《通知》要求各高校要面向全体大学生开发开设创新创业教育专门课程，并纳入学分管理。《通知》还要求高校要聘请创业成功者、企业家、投资人、专家学者等担任兼职导师，对创新创业学生进行一对一指导。加大对大学生自主创业资金的支持力度，多渠道筹集资金，广泛吸引金融机构、社会组织、行业协会和企事业单位为大学生自主创业提供资金支持。要落实好创业培训、工商登记、税收减免等各项优惠政策，鼓励扶持开设网店等多种创业形态。

（三）地方优惠政策

按照中央的有关部署和教育部的指导安排，各地推出了一些切合高校毕业生实际需求的创业扶持政策。例如，徐州市制订了《徐州市大学生创业引领计划实施方案(2015～2017年)》。

徐州市大学生创业引领计划实施方案(2015～2017年)

(市人力资源和社会保障局 市发改委 市教育局 市科技局
市中小企业局 市财政局 徐州市国税局 徐州地税局
人民银行徐州市中心支行 市工商局 团市委)

为贯彻落实党中央、国务院和省委、省政府促进高校毕业生就业创业的部署要求，鼓励、引导和扶持更多的大学生创业，根据《人力资源社会保障部等九部门关于实施大学生创业引领计划的通知》(人社部发〔2014〕38号)和《江苏省政府办公厅关于转发省人力资源社会保障厅等部门江苏省大学生创业引领计划的通知》(苏政办发〔2014〕71号)等文件精神，现结合我市工作实际制定本方案。

一、总体要求

坚持把促进大学生创业摆在就业创业工作的突出位置，按照“政府主导、市场驱动、学校助推、社会扶持”的原则，大力实施“创业能力提升、创业政策拓展、创业孵化推进、创业服务优化”四项行动，加快构建“创业教育、创业培训、创业政策、创业孵化、创业服务”五位一体的工作格局，进一步增强大学生的创业意识和创业能力，进一步健全完善支持大学生创业的政策制度和服务体系，促进我市大学生创业的规模、比例不断扩大，大学生创业企业的质量、效益不断提高。2015～2017年，引领不少于3 000名大学生创业，培育一批重点创业企业。

二、主要措施

(一) 实施创业能力提升行动

1. 普及创业教育。驻徐各高校要在现有创业课程的基础上积极完善创业教育体系,有条件的要设立创业学院,实现创业教育科学化、制度化、规范化。要面向全体学生系统开展创业教育进课堂活动,开设创新创业类课程,并纳入学分管理;将创业教育与专业教学相结合,开展灵活多样的创业实践活动;加强创业教育师资队伍建设,培养一支专兼职结合的高素质创新创业教育教师队伍。

2. 加强创业培训。各级人力资源社会保障、教育等部门要加强与高校的衔接,以有创业愿望的大学生为重点,积极开展专项培训,大力推动政策推介、技能鉴定等活动进校园,不断提升大学生创业能力,确保2015～2017年创业培训不少于5 000人。扩大创业培训师资队伍,研发适合大学生的创业培训教材,积极推行创业模块培训、创业案例教学和创业实务训练,加强大学生创业培训及实训基地建设。进一步健全完善我市"培训＋实训＋导师＋平台＋扶植"的大学生创业服务体系,不断拓展创业前的SYB培训和创业实训,不断优化创业中的导师服务、融资平台、科研中介等服务以及创业后的跟踪服务,构建大学生创业培育"一条龙"服务机制。

(二)实施创业政策拓展行动

1. 简化各类行政手续。各级工商部门要大力推进工商注册制度便利化,完善落实注册资本认缴登记、取消注册资本最低限额、"先照后证"等改革措施,及时推行电子营业执照和全程电子化登记管理,优化业务流程,为创业大学生办理营业执照提供便捷服务。放宽住所(经营场所)登记条件,拓展出资方式,允许高校毕业生以其共同开发、自主研发、科技创新的专利和非专利技术等成果作为出资。允许高校毕业生申报登记时使用文化创意设计、动漫游戏、移动媒体广播电视、电子书包、数字出版、网络出版等用语,作为名称中行业和具体经营项目的表述。以个人名义从事家政服务、照料服务、病患陪护服务、家庭教育的,可以不办理工商登记。对毕业2年内从事个体经营的普通高校毕业生,从在工商部门首次注册登记之日起3年内,免收登记类和证照类行政事业性收费。各级税务、质检等相关职能部门要进一步清理和规范涉及大学生创业的行政审批事项,简化登记、变更等办理手续。各有关职能部门要继续为大学生在徐自主创业开辟"绿色通道",设立大学生创业专用窗口,推行联合审批、一站式服务,安排专人负责办理大学生创业相关业务。

2. 落实财政补贴政策。各级人力资源社会保障部门要会同财政部门,对毕业前2年内参加创业培训的大学生继续按规定给予创业培训补贴;对初次创业且经营6个月以上、正常申报纳税的在校生和毕业2年内在各大学生创业园区的高校毕业生创办企业,给予2 000元一次性创业补贴,并可按用工人数给予吸纳就业奖励。大学生创办的各类企业,吸纳招用毕业5年内的高校毕业生就业,签订1年以上期限劳动合同并为其缴纳社会保险的,单位缴费部分按实际招用人数给予全额社会保险补贴,补贴期限最长不超过3年;入驻徐州市大学生创业园的企业申请专利所发生的申请费、代理费继续由市知识产权局给予全额资助;符合条件的创业大学生可申请公共租赁住房。

3. 实行税收优惠政策。各级税务部门要严格落实高校毕业生就业创业税收优惠政策。对从事个体经营的毕业年度内高校毕业生,按规定在3年内以每户每年9 600元为限额依次扣减其当年实际应缴纳的营业税、城市维护建设税、教育费附加、地方教育费附加和个人所得税;2015年12月31日前,对月销售额不超过3万元的小型微型企业,暂免征收增值税和营业税,符合小型微利企业条件的,可享受小型微利企业所得税优惠政策;对直接从事种植业、养殖业、林业、牧业、水产业生产的企业,其销售自产的初级农产品免征增值税;对企业从事农业、林业、牧业、渔业项目的所得,可免征或减征企业所得税;对创办的软件企业经认定后可按规定享受软件企业相关税收优惠政策;对大学生创办的各类企业凡税务部门征收的各类税收,其地方留成部分,自注册之日起5年内由同级财政全额安排其使用。

4. 加大金融支持力度。金融机构要积极探索创新符合大学生创业实际需求的金融产品和服务方式,按照“风险可控、简易方便”的原则,降低贷款门槛,优化贷款审批流程,提高贷款审批效率。完善抵押、质押、联保、保证和信用贷款等措施,多途径解决担保难问题。市人行及各分支机构要指导银行业金融机构加大对小型微型企业信贷支持力度,为创业大学生提供金融支持。落实小额担保贷款政策,对自主创业的高校毕业生,按规定给予不超过10万元的小额担保贷款;合伙经营和组织起来就业的,可适当提高贷款额度;微利项目由财政据实全额贴息,非微利项目给予50%的贴息;开办“网店”的,经认定后可按政策规定享受小额担保贷款和微利项目贴息补助。各级经信、科技、共青团等部门要积极协调,不断拓宽青年创业贷款和大学生“村官”贷款覆盖范围。

5. 提供多渠道资金支持。各地要根据大学生就业创业状况和就业工作目标,在就业专项资金中统筹安排大学生创业引导资金,重点用于大学生创业培训、初次创业补贴、创业租金补贴、大学生创业园和创业孵化基地建设等。全面落实大学生创业引导资金,启动实施1 000万元创业投资基金,用于大学生创业企业股权投资,做好企业跟踪调查服务,及时动态掌握企业项目资金需求。进一步改进担保基金运作方式,加大扶持力度,扩大受益范围,简化审批程序,提高办事效率,切实解决大学生自主创业的融资问题。鼓励企业、行业协会、群团组织、天使投资人等以多种方式向创业大学生提供资金支持，设立重点支持创业大学生的天使投资和创业投资基金，鼓励风险投资基金、股权投资基金与创业企业对接。对支持创业早期企业的投资，符合规定条件的按规定给予所得税优惠或其他政策支持。

（三）实施创业孵化推进行动

1. 推进大学生创业载体建设。各地、驻徐各高校要充分利用经济技术开发区、大学科技园、科技企业孵化器、高新技术产业开发区、工业园、农业产业园、城市配套商业设施、闲置厂房等资源，积极建设大学生创业园、留学人员创业园和创业孵化基地，为创业大学生提供创业经营场所和创业孵化服务。要制定并完善创业租金补贴办法，对符合条件的创业大学生给予经营场所租金补贴。人力资源社会保障、教育、科技等部门及驻徐各高校要发挥各自优势，构建多层次全方位的大学生创业孵化体系，开展各种新式合作共建，促进园区建设纵深化、链条式发展。积极推进大学生创业园等级评定工作，创建一批具有示范意义的国家和省市级大学生创业园，2017 年前建设国家级示范基地 1 家、省级示范基地 5 家。

2. 扶持优秀创业项目。各地、各有关部门及驻徐高校要加强创业项目培育，采取“基层推荐、高校征集、大赛跟踪、企业提供”等形式广泛征集创业项目。建立创业项目有效采集和定期发布制度，推动集成符合当地产业和经济发展要求、具有商业价值和市场前景、有较强操作性、适合大学生特点的创业项目库和创业成功案例库，积极开展创业项目展示推介和成功案例引导活动。鼓励引导各种社会资源采取自建、共建等模式搭建电子商务创业平台。人力资源社会保障部门要会同相关部门和单位，通过选拔推荐和专家团队评审等方式，遴选扶持大学生创业项目，对其中科技含量高、潜在经济社会效益和市场前景好的优秀项目，给予入园孵化和政策扶持。积极搭建项目展示、推介融资、交流合作等平台，推动大学生优秀创业项目有序对接和落地实施。

（四）实施创业服务优化行动

1. 健全公共创业服务体系。不断拓展大学生创业服务功能，加快构建覆盖校园内外的公共创业服务体系。驻徐各高校要建立大学生就业创业服务指导站，整合各类资源为大学生创业提供专业化、精细化、便捷化和全过程的创业服务。健全大学生创业导师库，新增一批创业导师，切实为大学生创业提供贴近实际需求的专业化创业辅导。

2. 拓展公共创业服务内容。人力资源社会保障部门要以创业大学生为重点服务对象，拓宽人事和劳动保障事务代理服务范围，免费为自主创业大学生提供人事代理、档案保管、职称申报评审、社保代理等服务，有关职能部门要在大学生创业园区建立服务工作站，方便大学生创业。要认真梳理归集涉及大学生创业的优惠政策，充分利用徐州大学生创业网和各种宣传平台加强宣传解读，并免费提供创业企业形象宣传。积极促进就业创业政策措施向网络创业就业领域延伸拓展，为在电子商务网络平台注册“网店”的创业大学生提供政策支持和创业辅导。研究制定政府购买创业公共服务目录，引导社会力量参与。

3. 促进大学生创业交流平台建设。充分发挥现有互联网及新媒体创业宣传平台作用，在大学生创业园区建立综合服务室，为自主创业大学生提供创业资讯发布、创业培训引导、创业政策解读等服务。定期开展创业沙龙、创业讲堂、创业观摩等交流活动，帮助创业大学生及时了解政策和行业信息、学习积累行业经验、寻找合作伙伴和创业投资人。积极组织并引导大学生参加各类创业竞赛活动，每年举办一次全市大学生创业创意大赛，集中展示大学生创业成果，进一步深化后续服务；每年遴选一批大学生创业典型，展示大学生创业风采。

第三节 大学生创业行业及微观环境分析

本节要点

行业基本经济特征、行业生命周期以及行业中的变革驱动因素和成功关键因素；市场分析方法和行业吸引力分析方法。

行业是企业竞争时面临的最直接的外部环境，因此行业决定了企业的竞争对手和获利能力。企业要想获得利润，就必须选取有吸引力的行业（平均赢利水平较高），并且企业能够在这一行业中取得有利的地位。

研究行业吸引力对创业行业的选择有重大影响。中小企业对于推动经济社会的发展起着十分重要的作用，但是规模有限的中小企业极容易受行业进入障碍的限制而不能进入有吸引力的行业。很多学者探讨了中小企业的行业选择，美国当代著名学者保罗·索尔曼提出中小企业生存空间理论，他指出企业间的竞争如同自然界不同物种间的竞争，大企业和中小企业有不同的生存空间。大企业的经营方式（追求规模经济和超额利润）决定了有一些对大企业难以进入的空间地带是适合中小企业生存和发展的。管理大师彼得·德鲁克曾经指出：小企业获得成功的关键在于具有一个局部空间的有利地位、第三产业的行业是小企业创业行业的优先选择。奥斯汀·罗宾逊在《竞争的产业结构》中提出行业的规模经济理论，他认为不同的行业最优规模是不同的，对于中小企业而言，规模较小的行业比较适合其发展。

一、行业基本经济特征分析

由于行业之间在其特征和结构方面有着很大的差别，所以行业微观环境分析首先应从整体上把握行业中最主要的经济特性。各个行业之间在以下一些因素上往往存在很大的差异。

(1) 市场规模。小市场一般吸引不了大的或新的竞争者；大市场常常能引起公司的兴趣，因为它们希望购并有吸引力的市场中已建立稳固地位的竞争者。

(2) 市场增长率。快速增长的市场鼓励公司进入该市场；增长缓慢的市场使市场竞争加剧，并使弱小的竞争者退出。

(3) 市场竞争的地理区域。行业的市场是当地性的、区域性的、全国性的、国际性的还是全球性的？例如，水泥的销售主要是区域性的，由于长距离运输成本很高，所以生产商很少将其产品销往离生产工厂较远的地区。

(4) 竞争厂商的数量及其相对规模。行业是被众多的小公司所细分还是被几家大公司所垄断。

(5) 购买者的数量及其相对规模，到达购买者的分销渠道的种类。

(6) 前向一体化及后向一体化的普遍程度。

(7) 产品生产工艺革新和所推出的新产品及其技术变革的速度。技术变革迅速会使风险提高，因为投资的技术设施或设备往往尚未破损之前就已经“陈旧过时”；而产品革新迅速也会使风险增加，因为存在交替“执牛耳”的机会。

(8) 竞争对手的产品服务是标准化的还是差别化的。

(9) 规模经济和经验曲线效应的程度如何。行业中的公司能否实现采购、制造、运输、营销或广告等方面的规模经济，行业中的某些活动是否有学习及经验效应方面的特色，从而单位成本会随累积产量的增长而降低。

(10) 生产能力利用率高低是否在很大程度上决定着公司能否获得成本生产效率。

(11) 必要的资源以及进入和退出的难度。进入困难往往可以保护现有公司的地位和利润，而退出困难则会加剧行业内的竞争。

(12) 行业的整体赢利水平如何？高利润的行业吸引新进入者；行业赢利水平差往往会使部分竞争者退出。

二、行业生命周期分析

行业的很多经济特性都与该行业处于行业生命周期的哪个阶段有关。行业生命周期是一个行业从出现直至完全退出社会经济领域所经历的时间。一般来说，它可以分为开发期、成长期、成熟期和衰退期四个阶段，如图 2-2 所示。行业生命周期曲线的形状是由社会对该行业的产品需求状况决定的。行业是随着社会某种需求的产生而产生，又随着社会对这种需求的发展而发展，最后，当这种需求消失时，整个行业也就随之消失，行业的生命即告终止。

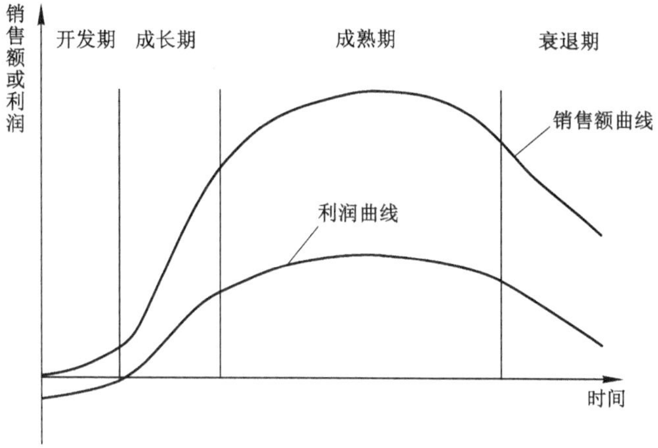

图 2-2　行业生命周期

在开发期，产品设计尚未成熟与定型，产品的开发、销售成本很高，销售增长缓慢且不稳定，利润很低甚至亏损；行业内竞争较少，进入壁垒主要来自产品的设计和开发能力以及投入水平，市场风险很大。处于该阶段的行业领域一般不会成为企业的战略焦点，大多是行业先驱者在做基础性的研究与开发工作。

在成长期，产品的设计工艺与方法已初步成熟并被迅速模仿，顾客对产品的认知程度迅速提高，销售额和利润迅速增长；规模的增大使得企业的生产成本不断下降，生产能力出现不足，进入壁垒进一步降低；丰厚的利润空间使得大量企业正在以各种方式加入该行业，企业间的竞争在迅速形成和展开，行业内企业应对风险的能力增强。

在成熟期，原来潜在的市场份额已被“瓜分”完毕，产品销售趋于饱和，利润不再增长，顾客的重复购买行为成为支撑企业生存发展的重要特征；经过市场竞争“大浪淘沙”式的选择后，生存下来的企业彼此之间实力相当，竞争激烈，它们往往依靠不同的竞争战略和市场细分在行业领域内占据一席之地；规模效应的存在使得进入壁垒进一步提高，行业内现存的企业风险不大。

在衰退期，由于替代品的出现或生产能力严重过剩等原因，产品销售量和利润水平大幅度下降，原有企业纷纷退出该行业领域，市场竞争程度因企业的退出行为而趋于缓和，但企业面临较多难以预料的风险因素。在这一阶段，成功的退出或转移战略的制定与实施成为企业战略管理活动的主要内容。

为了便于比较分析，可以通过表 2-1 来反映行业环境的生命周期特征。

表 2-1　　市场/行业生命周期各阶段的主要特征

项目	开发期	成长期	成熟期	衰退期
市场发展	缓慢	迅速	约与 GNP 的增长速度相当	需求下降，市场萎缩
增长的可预见性	需求只被现有产品满足一小部分，增长潜力难以预料	需求已被满足一大部分，需求上限开始清晰	增长潜力已很好确定	增长潜力明显有限
顾客的稳定性	顾客以很少的信任试用该产品	有一定信任，顾客试用不同的产品，尚未形成品牌忠诚	已形成品牌购买倾向。新进入者很难获得高额利润	极稳定，顾客很少有寻求其他供应者的动机
产品系列的拓展性	产品品种单一	产品系列迅速扩展	产品系列扩展减慢或停止	不赢利产品逐渐退出，产品品种减少
技术的作用	为了生产适合市场需要的产品，技术是重要的角色	前期，产品技术至关重要；后期，生产技术更为重要	生产工艺和材料替换是重点，可以用新技术更新使该行业延伸	技术完全成熟、稳定、易于掌握
产品技术	高度的产品创新；尚未产生主导性的设计	主导性的产品设计已经出现；强调产品多样性	小的渐进的革新，基本围绕节省成本、提高效益展开	产品很少有改变
生产技术	强调柔性制造，主导产品出现以前，工艺都不固定	随着主导性设计的出现，生产工艺开始专门化	强调效率，尤其是通过自动化手段	很少或没有工艺改变
定价模式	价格高且易变	随成本下降和竞争加剧，价格迅速下降	价格随生产力允许的成本下降且下降缓慢	价格低且稳定
促销	促销目标是“革新者”和“尝鲜者”，主要是唤起消费者的欲望	侧重建立品牌形象	调整促销策略以适应不同的细分市场	主要依靠惯性维持市场

续表 2-1

项目	开发期	成长期	成熟期	衰退期
竞争者的数量	较少	在先入者高边际利润吸引下,竞争者数量迅速增多,到成长期后期达到最多	竞争力较强的企业已建立稳定地位,并购和弱竞争者被淘汰,行业进一步集中	新进入者已很少且不受欢迎,竞争者继续减少
市场份额的分布	不稳定。市场份额反映企业家的眼光和把握机会的能力	稳定性增加。少数竞争者以强有力的态势出现	稳定。少数企业常会控制整个行业的绝大部分	或是集中在极少数竞争者手中,或是由行业细分化或市场地区化而分散
竞争的性质	有限竞争。企业眼光主要在产品改进上而不是竞争上	市场的迅速增长掩盖了竞争	为了生存,竞争达到顶峰	随着新格局的形成,倾向于低度竞争
进入与退出	进入容易。进入障碍主要是技术、资金和对未知的担心	较困难。市场力量已经产生,但不很强,如果没有对立性竞争,是进入的好时机	困难。市场已"瓜分"完毕,市场领导者地位已确立,新进入者要从别人那"抢生意";行业内开始分化,有的发生动摇	因为市场萎缩,很少有新进入者。行业内企业纷纷退出,只留下一些大企业和"补缺"的小企业
投资需求	逐渐地投资以支持新的产品	为支持增长,资金需求达到高峰	为保存生存能力,仍需再投资	很少投资,甚至变卖部分资产以"榨取"现金
财务状况	起动成本高,需要大量现金投入,回本无保障	销售增长带来利润,但大部分利润用于再投资	稳定的销售带来巨额利润,再投资减少,形成现金来源	利润下降,现金流很少(可能是正,可能是负)

三、拟选行业竞争结构分析

深入分析行业的竞争过程从而挖掘出竞争压力的源泉和确定各个竞争力量的强大程度,这是行业竞争分析的一个重要组成部分。一个行业的竞争激烈程度取决于行业内的经济结构,行业的经济结构状况又对竞争战略的制定和实施起制约作用。虽然不同行业中的竞争压力不可能完全一致,但是竞争过程的作用方式是相似的,我们可以用同一个分析框架来分析各个行业中竞争力量的性质和强度。哈佛大学商学院教授迈克尔·波特指出,在一个行业中,存在着五种基本的竞争力量,即行业中现有的竞争者、替代品、潜在的进入者、购买者和供应者之间的抗衡。如图 2-3 所示,一个行业中的竞争状态是各个竞争力量共同作用的结果。

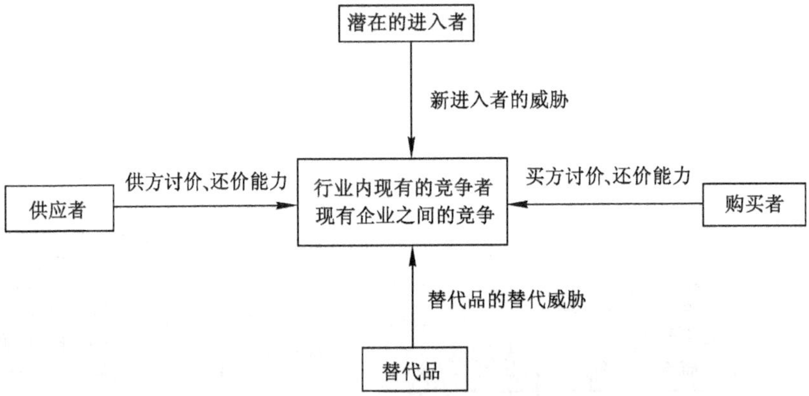

图 2-3　驱动产业竞争的力量

(一) 行业内现有竞争者的抗衡

行业内的竞争者往往是五种竞争力量中最强大的竞争力量,为了赢得市场地位和购买者的青睐,它们通常不惜代价,无计不施。在有些行业中,竞争的核心是价格,在某些情况下会爆发全面的价格战,致使产品的价格低于单位成本,从而导致绝大多数竞争者亏损。在有些行业中,价格竞争很弱,竞争的核心是产品性能特色、新产品革新、质量和耐用度、售后服务、品牌形象等因素。

竞争对手之间的竞争,在一家或几家竞争厂商看到了一个能更好满足客户要求的机会或处于改善其产品性能的压力之下时,就会变得更加激烈。竞争厂商之间的竞争强度是竞争厂商运用如下策略程度的函数:降低价格、更引人注目的特色、扩大客户服务、延长保修期、采用特殊的促销手段、推出新产品。竞争可能是友好的,也可能是你死我活的,这完全取决于行业中的企业采取威胁竞争对手的行动的频率和攻击性。一般来说,行业中的竞争厂商都重视在自己的产品上增加新的特色以提高对客户的吸引力,同时毫不松懈地挖掘出其他竞争厂商的市场弱点。

当一家企业采取了某一战略行动后,其竞争对手常常必然会采取相应的行动予以回击。战略行动和反战略行动的这种互动模式就使得市场竞争成了一种"战争游戏",当然这场"战争游戏"遵循的是公平竞争原则。实际上,从战略制定的角度来看,商场就如同战场,竞争之战的沉浮为竞争者最近的战略行动所牵制。在实践中,市场态势无一不是为主要竞争者的战略所确定。

竞争厂商之间的竞争不只有强弱之分，而且这种来自企业间竞争的竞争压力也会随时间的不同而有所不同。也就是说，竞争不是静态的，而是会随着各个企业从这种策略组合转向另一种策略组合而不断变化，同时这种变化有时会有迅雷不及掩耳之势，有时会有条不紊逐渐发生。

不论在什么行业之中，影响行业内现有企业之间竞争强度的因素主要有以下几点。

1. 竞争结构

竞争结构是指一个行业中企业的数量和规模的状况，不同的竞争结构决定了不同的竞争强度。在行业市场容量一定的情况下，行业中同一价值环节上竞争对手的数量较多且其力量对比差距很小时，在共同的行业活动规律性的支配下，各企业在获利的能力、为了争夺市场所能支配的资源量、可能采取的竞争方式、能够利用的行业协作体系，甚至企业对市场的影响力和影响方式等方面都是相近的，此时的行业竞争强度一定较高。特别是在行业处于其相对成熟阶段后，市场容量扩大的可能性逐渐消失，如果行业中企业较多，常常会有一些表现特殊的企业引发竞争。如果行业中企业在规模与资源上比较均衡，也会产生不稳定的现象。

2. 需求条件

决定现有企业的竞争强度的另一个因素是行业的需求条件。在一个迅速扩张的市场上，每个企业都可以增长。这时企业无须从其他企业夺取市场份额，竞争自然趋缓。相反，需求下降的结果是企业之间更加激烈的竞争。因为当市场增长缓慢或市场需求下降时，急需扩张的企业或生产能力过剩的企业常常会降低价格，采用其他提高销售的策略，从而点燃一场争夺市场份额之战，其结果可能会将那些比较弱小和效率低下的企业淘汰出局。

3. 成本结构

当一个行业固定成本较高时，企业为降低单位产品的固定成本，势必采用增加产销量的措施。企业的这种发展趋势，会使生产能力急剧膨胀直至过剩，而且还会导致产品价格竞争，从而使现有竞争者的竞争激化。这种情况在民用航空、高档宾馆、纸张、铝等行业都会发生。某种与高固定成本有关的情况是，产品一旦生产出来，要加以储存是十分困难的，或者要花费很大资金。在这种情况下，为了确保销售，诸厂商还容易受到降低价格的引诱。在某些行业中，如捕虾业、危险化学品制造业和有些服务性行业中，这种压力会使利润保持很低的水平。

4. 产品差异和用户转变费用

如果用户从购买一个企业的产品转到购买另一个企业的产品的转变费用较

低，则竞争激烈；相反，如果转变费用高，行业内不同企业的产品各具特色，各企业有各自不同的用户，则竞争不激烈。

5. 规模经济的要求

在规模经济要求大量增加企业生产能力的行业，新的生产能力不断增加，就必然会打破行业的供需平衡，使行业产品供过于求，降价竞争在所难免。这类情况在我国的农用车、玻璃等行业都发生过。

6. 退出障碍

退出障碍是指那些迫使投资收益低、甚至亏损的企业仍然留在行业中从事生产经营活动的各种因素，主要包括：

(1) 固定资产高度专业化。在特定的经营业务或地理位置上，企业拥有高度专业化的资产，但其清算价值低或转让费用高。

(2) 退出成本过高。这类成本包括劳动合同、重新安置费、已售出产品的维修等。

(3) 战略上的相互关系。企业内的经营单位之间的协同关系是企业战略的重要因素，如果其中某一经营单位退出现有行业，就会使原有的协同关系遭到破坏。

(4) 感情障碍。企业在制定经济合理的退出决策时，常常受到管理者和员工情绪上的抵触，如对多年所从事业务的感情，对自己个人职业生涯的担心，对员工的忠诚心理等。

(5) 政府和社会的限制。政府考虑到就业问题或对地区经济的影响，有时会出面反对或劝阻企业合理的退出决策。

退出障碍高时，过剩的生产能力不能及时离开本行业，迫使那些经营不善的企业不得不继续在行业中消耗有限的资源，这会使行业的竞争加剧，获利能力保持在较低的水平。

7. 高度的战略性“赌注”

如果大量企业在某个行业内为了取得成功而投下了很高的“赌注”，那么该行业内的抗衡会变得更加反复无常。例如，索尼、松下等公司曾感觉到有一种要在美国市场上确立牢固地位的强烈需要，以便树立全球性威望或技术上的信誉。在这种情况下，这类企业的目标也许不仅形式不同，而且更加不稳定，因为这些目标具有扩张性并包含有牺牲获利能力的潜在愿望。

8. 形形色色的竞争者

在战略、起源、个性以及与其母公司的关系上各不相同的竞争者会有各种不同的目标，对竞争有着不同的战略。这些竞争者也许要度过一段艰难的时期才能精确地理解彼此的意图，并对该行业的一系列“竞赛规则”取得一致意见。战略上的抉择对某一个竞争者来说是正确的，而对另一个竞争者来说则有可能是不正确的。比如小企业可能满足于低收益；而大企业往往对低收益是无法接受的。

要确定行业内现有企业之间的竞争激烈程度，其中的关键是准确判断企业间的竞争会给赢利带来多大的压力。竞争企业的竞争行动如果降低行业利润水平，那么就可以认为竞争是激烈的；如果行业中的绝大多数企业的利润都达到可以接受的水平，那么就可以认为竞争是一般的；如果行业中的绝大多数企业都可以获得超过平均水平的投资回报，那么就可以认为竞争是较弱的，具有一定的吸引力。

（二）潜在进入者

行业外有可能并准备进入该行业的企业称为潜在进入者。事实上，任何一种产品的生产经营，只要有利可图，都会有潜在进入者。这些潜在进入者一旦加入，既可能给行业经营注入新的活力，促进市场的竞争和发展，也势必给现有厂家造成压力。因为潜在进入者在加入到某一新领域时，会向其注入新的生产能力和物质资源，以获取一定的市场份额，其结果可能导致该行业内原有企业因与其竞争而出现价格下跌、成本上升、利润下降的局面。这种由于竞争力量的变化而对行业内原有企业产生的威胁称为进入威胁。

新厂家进入特定行业可能性的大小，取决于两大因素：一是该行业对潜在进入者设置的进入障碍的大小；二是该行业内现有企业对进入者的预期反应。

进入障碍也称进入壁垒，是指那些能起到阻止行业外企业进入的因素。进入障碍的存在使新进入者的进入成本提高，加大了一个企业进入某行业的难度。进入障碍越大，对欲进入行业的企业来说就会越困难，这时即使该行业的收益较高，也会将许多企业挡在门外，对行业内现有的企业来说，进入威胁就小一些；反之，进入威胁就会增大，这时该行业内企业的好日子就会很快过去。决定进入障碍的因素主要有以下几点。

1. 规模经济

在一个规模经济明显的行业中，新进入者不得不面临两难选择：或者以很大的规模进入该行业，承担巨大的初始投资，更为严重的是致使市场供给大幅度增大，压低了产品价格，招致该行业现有企业的激烈反击；或者以小的生产规模进入该行业，结果是产品成本过高，在竞争中处于劣势。

2. 品牌偏好与客户忠诚度

产品的购买者往往忠于一定的既有品牌。例如，日本的消费者非常忠诚于日本品牌的机动交通工具、电子产品和相机;欧洲消费者一般忠诚于欧洲品牌的家用器具产品。品牌忠诚度很高就意味着:一个潜在进入者必须建立一个分销及特约经销网,愿意并有能力花足够的资金用于产品广告和产品促销来克服客户对其他品牌的忠诚,然后建立自己的客户群。建立客户对品牌的认知和忠诚可能是一个缓慢的、代价高昂的过程。如果一个客户转换品牌的难度较大或成本较大,那么新进入者就必须说服购买者相信它的品牌值得他付出这个成本。要超越品牌转换成本壁垒,新进入者必须给予购买者一定的价格折让或者给予额外的质量和服务。所有这一切都意味着,新进入者的利润率比较低,这就提高了新进入的企业在早期利润方面所承受的风险。

3. 资源要求

成功进入某一市场所需的总资本投入额和其他资源条件越高,符合条件的进入者就越有限。最明显的资本要求体现在以下一些方面:制造工厂及设备、分销设施、为存货及用户信用提供资金的营运资本、为新产品建立客户群的支出(新产品推出的广告和促销费用)、为弥补业务起步时产生的亏损而设置的现金储备。其他资源壁垒还有:技术、专业技能和诀窍、R&D(Research and Development,研究与开发)要求、劳动力要求、客户服务要求。

4. 学习及经验曲线效应

如果单位成本降低的原因部分或大部分来自产品生产的经验和经验曲线产生的效益,那么,新进入者与那些有着更多经验的厂家竞争时就会有成本劣势。

5. 与规模无关的成本劣势

现有厂家可能拥有潜在进入者不可企及的成本优势。这些优势可能是:可以获取最好的、最便宜的原材料,可以获得专利和专有技术,拥有学习及经验曲线效应所带来的利益,现有厂家的生产工厂和设备在几年前就以低成本建立,选址有利,购买成本低等。

6. 分销渠道

企业在进入一个新的行业时,如果没有自己的产品分销渠道,也会面临着进入障碍。原有的分销渠道一般都是为已有的企业服务,它们往往不愿意接受尚未被顾客认知的产品。新加入者必须通过让利、合作、广告津贴等方式让原有的分销渠道接受其产品。这样必然减少新加入企业的利润,并且这种状况一直要到其产品赢得分销商和零售商足够的接受度之后才会有所改善。

7. 政府政策

政府的政策、法规、法令等都会在某些行业中限制新加入者。例如,在许多国家中都有一些受政府管理的行业,如有线电视、通信设施、电气设施、医疗设备、铁路等，市场进入常是受政府控制的。严格的安全管理条例和环境保护标准都是进入障碍，因为它们往往提高进入成本。各国政府通常用关税和贸易限制条款（当地化、贸易额度以及控股比例）来提高外国厂商的进入壁垒。

（三）替代品

还有一种竞争力量是替代品的威胁，即其他行业的产品可以与该行业的产品一样满足消费者的相同需求。例如，我国铁路运输业虽然近乎独家经营，但仍要面对公路运输、航空业的竞争。来自替代品的竞争压力的强度取决于以下三个方面的因素。

1. 是否可以获得价格上有吸引力的替代品

容易获得并且价格上有吸引力的替代品往往会产生竞争压力，替代品会给行业中的企业定出一个最高限价，超过这一限价，就会冒着已有客户转向替代品的风险。

2. 在质量、性能和其他重要属性方面的满意程度如何

替代品的易得性会不可避免地刺激客户去比较彼此的质量、性能和价格。例如，人们在购买热水器时，往往对电热水器、太阳能热水器和燃气热水器进行全面的比较。

3. 购买者转向替代品的难度

来自替代品的竞争强度的另一个决定因素是本行业中的客户转向替代品的难度和成本。最常见的转换成本有：可能的额外价格、可能的设备成本、测试替代品质量和可靠性的时间和成本、断绝老供应关系建立新供应关系的成本、转换时获得技术帮助的成本、职员培训成本。如果转换成本不高，那么替代品的生产商说服购买者转向它们的产品就容易得多。

因此，一般来说，替代品的价格越低，替代品的质量和性能越高，用户的转换成本越低，替代品所带来的竞争压力就越大。测评替代产品竞争优势的指标有销售额及利润的增长速度、所渗透进入的市场及其产品生产能力的扩大计划等。

（四）供应者

企业生产经营所需的生产要素通常需要从外部获取，提供这些生产要素的供应者就对企业具有两方面的影响：一是这些企业能否根据本企业的要求按时、按质、按量地提供所需的生产要素，这影响着企业生产经营规模的维持和扩大；二是这些供应者提供生产要素时要求的价格在相当程度上决定着企业生产成本的高低，从而影响企业的获利水平。一旦供应者能够确定它所提供商品的价格、质量、性能、交货的可靠度，那么这些供应者就会成为一种强大的力量。供应者的竞争压力主要取决于以下几个因素。

1. 供应者的集中程度和本行业的集中程度

如果是集中的少数供应者供给本行业中分散而众多的企业,那么将对本行业构成较大的竞争压力;反之,则竞争压力就小。

2. 供应品的可替代程度

如果供应品的可替代程度高,即使供应者再强大,对本行业也不会构成较大的竞争压力;反之,则会形成较大的竞争压力。

3. 本行业对供应者的重要程度

如果本行业是供应者的重要用户,供应者对本行业有很大的依赖性,则来自供应者的压力会较小;反之,则会形成较大的压力。

4. 供应者对本行业的重要程度

如果供应品对本行业的产品起关键作用,那么来自供应者的压力就大;反之,则供应者的压力较小。

5. 供应品的差异性和转变费用

如果供应品具有特色并且转变费用很大,供应者讨价还价的能力就会增强,从而会对本行业施加较大压力;反之,如果供应品是标准商品或容易得到替代品,供应者的压力就较小。

6. 供应者前向一体化的可能性

如果供应者有可能前向发展,即进入本行业,那么它们对本行业的压力就会增强。

7. 行业内企业后向一体化的可能性

如果行业内的企业有可能后向发展,即自己生产供应品,那么它们就会降低对供应者的依赖程度,从而减弱供应者对本行业的压力。

(五) 购买者

对行业中的企业来讲,购买者也是一个不可忽视的竞争力量。购买者所采取的手段主要有:要求压低价格,要求较高的产品质量或更多的服务,甚至迫使行业中的企业互相竞争等。上述手段会降低企业的获利能力,这种来自购买者的压力主要取决于以下因素。

1. 购买者的集中程度

供应商行业只有大量的小企业,而购买者只有少数大企业,这时购买者比供应商强大。

2. 购买者购买产品的数量

购买者购买产品的数量很大时,就可以将其购买力当作要挟的手段,为降低价格讨价还价。这种情况在购买者的订单占供应商订单总数的较大比例时更为突出。

3. 购买者购买的产品对其产品的重要程度

如果企业的产品对购买者的产品质量影响很大时，购买者一般在价格上不太敏感。

4. 购买者从本行业购买的产品的标准化程度

如果产品标准化程度高、差别小，购买者常常确信自己总可以找到可供挑选的供应者，并使供应商互相竞争而获利。

5. 购买者的转换费用

购买者转向购买其他行业产品的选择余地越大，则对本行业形成的压力越大。

6. 购买者的赢利能力

如果购买者的赢利能力很低，对价格就会很敏感，这一点在购买者所购产品占其成本的比重较大时更为突出。

7. 购买者采取后向一体化的威胁

如果购买者已部分一体化或形成可信的后向一体化的威胁，那么就会在讨价还价中处于有利的迫使对方让步的地位，增加对本行业的竞争压力。例如，大型汽车生产企业会在自己内部生产所需的一部分零部件，一方面使一体化的威胁更加可信，另一方面会更好地了解有关成本情况，从而使自己处于更有利的谈判地位。

8. 购买者掌握的信息

购买者掌握了有关市场需求、产品成本等方面的充分信息，就会有较强的讨价还价的能力。

(六) 研究五种竞争力量对大学生创业的战略意义

五种竞争力量模型深入透彻地阐述了某一给定市场的竞争模式。最不利的竞争情形是：进入障碍很低，从而每一个新进入者都可以获得一个市场立足点；替代品的竞争很强烈；供应商和客户都有相当的谈判优势；行业内竞争白热化，但退出障碍又很高。那么从利润的角度来看，该行业是没有吸引力的。最理想的情况是：供应商和客户都处于谈判劣势；没有很好的替代品；进入壁垒相对较高；现有企业间的竞争也比较温和。那么从利润的角度来看，该行业就是有吸引力的。但是，即使其中几类竞争力量很强大，对于那些市场地位和战略可以防御竞争压力的企业来说，该行业仍旧可能是有吸引力的。

要想成功地与竞争力量展开竞争，大学生创业者所制定的战略必须做到：① 尽可能地摆脱这五种竞争力量的影响；② 影响竞争压力，使其向着有利于本企业的方向改变;③ 建立强大且安全的优势。

四、变革驱动因素分析

一个行业的经济特征和竞争结构包含了行业及竞争环境的许多信息,但是对行业的变革却不能提供足够的信息。行业及竞争环境之所以会发生变化,是因为各种因素的变动会产生某种动力或压力来推动行业变革。所以,我们要辨认出各种驱动因素,并且预测出驱动因素将会对行业产生的影响。

(一) 常见的驱动因素

最常见的驱动因素是:行业增长率的长期变动,购买者构成结构的变化,产品革新、技术变革和营销革新,大型公司的进入或退出,行业的日益全球化,成本和效率的变动,购买者对产品或服务的偏好在标准化和差别化之间的变动,管理条例的影响和政府政策的变动,社会因素及人们生活方式的变化,不确定性及商业风险的降低等。

驱动因素分析就是将影响行业变革的一些重要的因素和不重要的因素分离出来。一般来说,符合驱动因素条件的影响因素不会超过 3~4 个。做好分析工作就是要仔细评价行业的力量和竞争变革,从而将重要的因素与不重要的因素区分开来。

(二) 驱动因素对大学生创业的意义

对一个行业的驱动因素进行透彻的分析是制定竞争战略的前提条件。如果不能敏锐地洞察在 1 年或 3 年之后什么样的外部因素会给创业企业的业务带来最大的潜在变革,那么大学生创业者就根本无法制定出指导今后行动的战略。

五、成功关键因素分析

在同一个行业中或同一行业生命周期的不同发展阶段,在竞争中胜出的企业往往有着共同的优势特征。我们把企业在特定行业或特定时期内获得竞争优势和骄人业绩所必须具备的一些因素称为成功关键因素(Key Success Factor,简称 KSF)。这些特定因素一般在 6~8 个以内。寻找成功关键因素的目的是为了集中企业的资源投入到这些因素中去,以便形成竞争优势。创业者在进行创业决策时,需要从成功关键因素上进行资源配置。

回答以下 3 个问题有助于确认行业的成功关键因素:

(1) 顾客在各个竞争品牌之间进行选择的基础是什么?

(2) 行业中的一个卖方厂商要取得竞争成功必须有什么样的资源和竞争能力?

(3) 行业中的一个卖方厂商获得持久的竞争优势必须采取什么样的措施?

在不同的产业中，企业的成功关键因素各不相同。例如，石油、矿山等资源采掘产业中，资源的保有储量是企业获得持续竞争优势的关键因素；而在计算机网络设计与软件开发行业中，稳定的、高素质的技术人才队伍是企业竞争制胜的关键因素；在啤酒行业，其成功关键因素是得到充分利用的酿酒能力（以使制造成本保持在较低的水平上）、强大的批发分销网络（以尽可能多地进入零售渠道）、上乘的广告（以形成忠诚的顾客群）、低成本制造效率（以便定出吸引人的零售价格和获得很高的利润率）。下面列出了部分最常见的成功关键因素。

1. 与技术相关的成功关键因素

（1）科学研究技能（在制药、空间探测以及一些高科技行业尤为重要）。

（2）在产品生产工艺和过程中进行有创造性的改进的技术能力。

（3）产品革新的能力。

（4）在既定技术上的专有技能。

（5）运用因特网发布信息、承接订单、送货或提供服务的能力。

2. 与制造相关的成功关键因素

（1）低成本生产效率（获得规模经济，取得经验曲线效应）。

（2）固定资产很高的利用率（在资本密集型和高固定成本的行业中尤为重要）。

（3）低成本的生产工厂定位。

（4）能够获得足够的娴熟劳动力。

（5）劳动生产率很高（对于劳动力成本很高的商品来说尤其重要）。

（6）低成本的产品设计和产品工程（降低制造成本）。

（7）能够灵活地生产一系列的类型和规格的产品以满足顾客的订单。

3. 与分销相关的成功关键因素

（1）强大的批发分销商和特约经销商网络（或者拥有通过因特网建立起来的电子化的分销能力）。

（2）能够在零售商的货架上获得充足的空间。

（3）拥有自己的分销渠道和网点。

（4）分销成本低。

（5）送货速度快。

4. 与市场营销相关的成功关键因素

（1）快速、准确的技术支持。

（2）礼貌的客户服务。

（3）顾客订单的准确满足（订单返回很少或者没有出现错误）。

(4) 产品线和可供选择的产品很宽。

(5) 商品推销技巧。

(6) 有吸引力的款式和包装。

(7) 顾客保修和保险(对于邮购零售、大批量购买以及新推出的产品来说尤为重要)。

(8) 精明的广告。

5. 与技能相关的成功关键因素

(1) 劳动力拥有卓越的才能(对于专业型服务,如会计、咨询、投资银行,这一点尤其重要)。

(2) 质量控制诀窍。

(3) 设计方面的专有技能(在时装行业尤为重要,对于低成本制造也是一个成功的关键因素)。

(4) 在某一项具体的技术上的专有技能。

(5) 能够开发出创造性的产品和取得创造性的产品改进。

(6) 能够使最近构想出来的产品快速地经过研究与开发阶段到达市场上。

(7) 组织能力。

(8) 卓越的信息系统(对于航空旅游业、汽车出租业、信用卡行业和旅店业来说很重要)。

(9) 能够快速地对变化的市场环境作出反应(简捷的决策过程,将新产品推向市场的时间很短)。

(10) 能够娴熟地运用因特网和电子商务经营。

(11) 拥有比较多的经验和诀窍。

6. 其他类型的成功关键因素

(1) 在购买者中间拥有有利的公司形象和声誉。

(2) 总成本很低(仅仅是在制造业中)。

(3) 方便的设施选址(对于很多零售业务都很重要)。

(4) 企业所有员工在与顾客打交道的时候都非常礼貌、态度和蔼可亲。

(5) 能够获得财务资本(对那些最新出现的有着高商业风险的新兴行业和资本密集型行业来说很重要)。

(6) 专利保护。

确定行业的成功关键因素应该具有很高的优先性。创业企业如果能够深刻地洞察行业的成功关键因素,就可以通过将企业的战略建立在行业的成功关键因素之上,然后竭尽全力在这些因素的一个或多个之上比竞争对手做得更好,以便获得持久的竞争优势。一个健全的战略应该包括这样一种努力:在所有的行业成功关键因素上有能力,并且在至少一个行业成功关键因素上拥有卓越的能力。成功关键因素随着行业的不同而不同,甚至在相同的行业中,也会因行业驱动因素和竞争环境的变化而随时间变化。对于某个特定的行业来说,在一个特定的时期,极少有超过三四个成功关键因素,甚至在这三四个成功关键因素中也有一两个占据较重要的地位。因此,大学生创业者不能将那种不够重要的因素列入成功关键因素的清单之中,这会干扰管理层的视线,破坏管理层对这些关键因素的注意力。

六、市场分析

一个行业中经常会存在几个市场,在这里,市场是指具有相似需求的一群消费者。企业必须对市场进行细分,如汽车制造商必须针对不同的消费者群体对汽车制造业进行分类,大致的类别有私家车、公共汽车、豪华车或越野车,并采取一系列营销方案来满足消费者的不同需求。每个市场都可能会寻找出细微不同的特点来为消费者提供价值。对每个市场的所有产品以及特定市场的产品的关键特点进行分析,有助于了解市场细分基本原理。

(一)竞争对手分析

主要竞争对手是指那些对企业现有市场地位构成直接威胁或对企业目标市场地位构成主要挑战的竞争者。如果一个企业不去监测其主要竞争对手的各种行动,不去理解它们的战略,不去预测它们下一步最可能采取的行动,它就不可能战胜竞争对手。从这一点上说,力求更加深刻地理解竞争对手甚至比了解自己更加重要。

1. 识别主要竞争对手

在当前市场竞争中,谁是主要的竞争对手,这一点通常很明显。但是,在今后一段时间内,情况可能会有变化。有些企业可能会失去锐气,有些新的竞争者可能会加入进来,有些企业可能会快速成长。所以,要注意下列潜在的竞争对手:可以轻易克服进入壁垒的企业;进入本行业后可产生明显协同效应的企业;其战略的延伸必将导致加入本行业的企业;可能通过一体化进入本行业的客户或供应商;可能通过购并而快速成长的企业等。

对于主要竞争对手,要进行有效的信息收集和分析活动。企业进行战略决策所需要的信息中,有95%都可以从公开渠道得到。一些竞争信息的来源包括行业杂志、招聘广告、报纸、政府文件、行业资料、用户、供应商、分销商和竞争者本人。

2. 主要竞争对手分析内容

对主要竞争对手的分析包括四个方面:主要竞争者的目标、战略假设、现行战略、资源和能力。大部分企业至少对于其竞争对手的现行战略、优势和劣势有一定的直观感觉,即能够大致了解竞争对手在做什么和能够做什么;而对竞争对手的未来目标和战略假设知之甚少,因为对这两个因素的观察要比对竞争对手的实际行为的观察难得多,但这却是确定竞争对手将来行动的主要因素。

(1) 主要竞争对手目标分析

了解竞争对手的目标就可以了解每位竞争对手对其目前的地位和财务状况是否满意,推断出竞争者的战略发展方向和可能采取的行动,从而在战略管理一开始就能针对主要竞争者可能采取的行动设计应对方法。对竞争对手目标的了解也有助于预测它对战略变化的反应,从而帮助企业避免那些会招致激烈竞争的战略行动。竞争对手的战略目标可以通过各种公开资料获得,如上市公司的公告;即使是通过不公开的途径来获得也不太困难,因为战略目标总是要让很多人知晓的。难以获得的是,竞争者不愿公开的目标,以及各种目标的权重。以下信息有助于弄清竞争者的目标体系:竞争对手的价值观或信念,对待风险的态度,组织结构,控制和激励系统,领导层的构成,业务单位在母公司中的地位,母公司的业务组合等。

(2) 主要竞争对手的假设分析

竞争对手的目标是建立在其对环境和对自己的认识之上的,这些认识就是竞争者的假设。竞争者的战略假设有两类:第一类是竞争者对自己的力量、市场地位、发展前景等方面的假设,称为竞争者自我假设;第二类是竞争者对自己所在行业及行业内其他企业的假设,包括竞争者对产业构成、产业竞争强度和主要产业威胁、产业发展前景、产业潜在获利能力等方面的认识和判断。

(3) 竞争对手现行战略的分析

对竞争者现行战略进行分析的重点在于:通过竞争者的产品和市场行为来推断它的现行战略,预计目前战略的实施效果,分析竞争者现行战略对本企业的影响;分析竞争者当前的业绩,分析它继续实施当前战略的前景以及改变目前战略的可能性。对当前业绩及前景持满意态度的企业可能会继续实施现行战略,当然,它也可能做一些调整,这与其目标和假设有关。但是,业绩很差的竞争对手一般会推出新的战略行动。

(4) 竞争对手的资源和能力

要对竞争对手的资源和能力做实事求是的评估,把握它的优势和劣势。竞争对手的目标、假设和现行战略会影响它反击的可能性、时间、性质和强度。而竞争对手的优势和劣势将决定它发起战略行动的能力以及处理所处环境中突发事件的能力。

3. 预测主要竞争对手下一步行动

在对以上四方面因素进行分析的基础上，应对各个竞争对手可能发动的战略行动和防御能力作出判断。

（1）预测竞争对手的下一步行动

① 对现行地位和业绩的满足。将竞争者的目标与其现行地位和业绩相比较，谁可能想要实行战略性转变？

② 可能采取的行动。根据竞争者的目标、假设、资源和能力，它最有可能作出什么样的战略变化？

③ 行动的强度和严肃性。对某个竞争者的目标、资源和能力进行分析，能够被用来评估这类可能采取的行动的预期强度。

（2）分析竞争对手的防御能力

① 易受攻击性。竞争者最易受到攻击的是哪些战略行动和哪些事件？什么事件具有不对称的获利后果，即对某个竞争者的利润影响比对发起行动的企业的利润的影响是大还是小？哪些行动可能需要付出较大的代价去反击或仿效，以至于使该竞争者无法冒险去采取这类行动？

② 什么行动或事件将会挑起竞争者之间的反击？

③ 反击的有效性。反击会不会迅速进行？反击可能以什么形式展开？采取何种行动能使竞争者的反击的有效性下降？

（二）消费者分析

了解消费者是大学生创业企业制定战略时应重点考虑的内容。归根结底，是消费者提供收入使企业的财富得以增长，所以大学生创业者在创业时必须了解消费者。消费者分析对消费者的主要特征及消费者如何作出购买决定进行了描述。例如，当消费者为自己或家庭的基本需求购买产品或服务时，称之为基本需求，因为这种需求不需要依赖任何其他群组；而有的消费者则是为了从购买中获得即时满足，如吃冰淇淋。市场中存在大量消费者，其中每个消费者只进行小额购买，所以他们的个别议价能力并不高。

为了解和满足消费者的需求，可以从三个问题来进行分析，即消费细分、消费动机以及消费者未满足的需求。消费细分又包括：① 谁是最大的、最有利可图的现有客户，谁是最具吸引力的潜在客户？② 企业能否以独特的商业战略需要细分为群组？③ 客户是否可以按其特点、需求或动机分组？一般组成细分的变量包括：用途、地点、价格敏感度、福利要求、企业类型、客户的观念和态度等。

消费动机分析是关心消费者的选择和他们所喜欢的品牌、消费者最看重的产品或服务、消费者的目标以及消费者动机的变化。

消费者未满足的需求分析应关注为什么有些消费者不满，为什么有些消费者正在更换品牌或供货商。消费者未满足的需求这些问题是严重的，而这些未满足的需求有一些是消费者自身知道的，还有一些则可能是消费者自身并不知道的。

1. 消费细分

(1) 市场细分

市场细分的价值在于它把具有赢利和明确特征的市场进行划分。市场细分允许企业以相似的方式对待相似的消费者，同时区分不同的客户群组。

市场细分可以基于不同的基础。传统的方法是以人口进行细分，这也是许多细分做法的起点，但进一步的调查发现，人口不是影响购买力的唯一决定因素。

① 人口细分。市场研究常常以年龄、收入、社会阶层、性别、地区、职业、家庭等进行划分，这与有些产品和服务高度相关。例如，七座汽车的目标消费群体通常是有孩子的家庭，而两开门的汽车通常卖给单身人士或者年轻夫妇。又如，社会经济地位与新闻读者群和收视习惯密切相关，媒体策划应以其最有效的宣传方式与目标群体进行沟通。但在其他领域，人口因素似乎没有什么影响。例如，某些品牌的商品既可以出售给高收入者也可以出售给低收入者，既可以出售给已婚人士也可以出售给单身人士以及各年龄组人群。

② 地理细分。消费者一般有较为固定的、经常光顾的区域，所以产品和服务在不同地区对消费者的吸引力也有所差别。因此，地理因素是分析企业经营环境中消费者状况的重要方向。企业可以把市场划分为不同的区域来进行销售。例如，许多商品制造商以电视广告销售区域来划分市场。

③ 应用细分。这是根据产品和服务的层面来划分市场。例如，运动鞋产业细分为专业运动员穿戴者（数量少，但非常有影响力）、周末穿戴者和偶尔穿戴者。

④ 价值细分。在大多数市场当中，价值可定义为消费者对产品和服务的满意度与产品价格的权衡结果。因此，许多产品和服务有溢价高质量细分、中等价格细分和低价格细分。在某些市场当中，时尚和质量差异可能超过价格的变化；而在另一些市场当中（如汽油市场），微小的价格变动并不会引起购买者满意度的变化。

⑤ 心理细分。消费者的性格和生活方式也会影响消费者的购买行为。企

业的战略计划应当符合目标消费者群体的心理特征。例如，百事可乐和可口可乐的广告策略，表明了这些企业对其主要消费者群体心理特征（即年轻和运动）的理解。

⑥ 品牌忠诚度细分。产品和服务的品牌能在很大程度上影响购买力。大多数消费者愿意购买品牌产品，因为品牌能够提供给消费者对于产品的信心。例如，大多数德国品牌的汽车被认为质量较高，因而人们在选购汽车时会更倾向于选择这些品牌。品牌意识让购物更为有效，因为维护品牌良好品质的责任在于供应商。消费者知道什么品牌适合家庭的品位和预算，并且会在同一品牌家族中尝试新产品。

⑦ 生活形态细分。最近的趋势是把心理和社会人口特性相结合，以赋予消费者群组一个更加完整的轮廓。这种细分以个体代表整体，这在客户市场中占据了相当大的比例。一般根据性别、年龄、收入、工作、商品喜好、社会态度和政治观点来定义这些个体。

⑧ 购买特性细分。客户群组的细分可以依照其购买量、卖场的类型和包装量来进行。这些变量（可能还有其他的变量）都有利于生产的规划、分销及促销政策的制定。

（2）工业细分

上述消费细分方法常常应用于消费品和服务市场。工业细分主要是对工业品按照消费者类型、企业规模、贸易集团以及企业的地理位置来进行细分。

工业和商业购买者通常能更为理性地作出购买决策，它们的收益预期不同于一般的消费者，它们更加关注产品的可靠性、持续性、多样性、安全性、服务性及可操作性。工业品消费者可根据其商业的类型，如它们销售什么来进行细分，不同企业在一种工业上应用的产品和服务都不是一成不变的。制造商应考虑到某一特定类型商品的销售，列出该领域所有的潜在消费者群组。

最常用的市场细分的方法是根据企业的规模，但是也可以根据购买者的规模进行市场细分。例如，食品制造商在超市链上的处理与小的零售商是完全不同的，它们很有可能提供更优惠的价格，使用不同的销售技术直接向超市链运送食品；它们可以向大的销售链提供自己的招牌产品，但不可能向小卖部提供相同的服务。对于企业来讲，这种细分的好处是能够令企业更接近终端消费者，从而更加清楚地了解消费者的想法，可以让消费者更加满意企业所提供的产品，从而可以提高产品销售的回头率。

2. 消费动机

在确定了消费细分之后，下一步就需要知道消费者的消费动机。例如，商务人士比较偏好快捷的交通方式、方便的行程安排以及舒适的服务，而一般的（假期和娱乐性）旅行者则更关心旅行的费用；个体经营者对于电脑的需求与公司职员是不同的，他们更在乎电脑的经济实用。

对消费动机的了解也是企业的一种资产和技能，是帮助企业赢得持续竞争优势的基础，对制定新的战略以及开发新的分销渠道都具有推动作用。前面谈到商务人士看重的是行程的方便以及服务的舒适度，他们对价格并不在意，因而简单快速的安检过程能为航空公司带来竞争优势，而不方便的抵达时间会带来相应的劣势。因此，创业企业需要了解消费者的消费动机，为企业赢得竞争优势做好准备。

3. 未满足的需求

了解消费者未满足的需求是非常重要的，因为未满足的需求表明企业拥有进入市场或增加市场份额的机会，同时也表明企业正面临威胁，因为竞争对手同样拥有抢占市场份额的机会。

消费者并不是任何时候都能意识到自己的未满足需求，这是因为他们已经习惯了现有产品的局限性或者未满足需求并不明显。认识到消费者的未满足需求之后，企业应当开发新的产品或者对产品进行调整。有时，消费者不仅可以发现问题，还能提供解决问题的方案。

七、行业吸引力分析

行业吸引力分析是在行业特征分析和主要机会、威胁分析的基础上，找出关键性的行业因素。

一般行业影响因素有：市场规模、市场增长率、利润率、市场竞争强度、技术要求、周期性、规模经济、资金需求、环境影响、社会政治与法律因素等。从一般因素中识别出几个关键的因素；然后根据每个关键因素相对重要程度定出各自的权数，再对每个因素按其对企业某项业务经营的有利程度逐个评级，其中：非常有利为5，有利为4，无利害为3，不利为2，非常不利为1；最后用加权得出行业吸引力值。权重表示了该因素的重要程度，分值在0～1之间。

确定行业吸引力（价值）大小的方法如表2-2所示。

表2-2　　行业吸引力评价表

关键行业特征因素	权重	得分	加权数
市场潜力	0.15	2.63	0.39
销售增长率	0.12	2.60	0.30

续表 2-2

关键行业特征因素	权重	得分	加权数
行业生产规模	0.15	2.10	0.31
竞争结构	0.05	2.15	0.11
行业赢利水平	0.20	1.12	0.22
对通货膨胀的承受能力	0.05	−2.84	−0.14
政府对行业的政策	0.05	1.00	0.05
相关科技发展的趋势	0.05	2.67	0.13
社会的限制	0.10	−2.85	−0.29
法律法规	0.08	1.60	0.13
合计	1.00		2.49

说明

加权数	吸引力
1～3	大
−1～1	中
−3～−1	小

因为行业结构和行业分析因素提供的信息是局部和静态的，考虑到大多数情况下每个行业都处于不断的变化之中，所处的宏观环境也在不断变化并给行业带来新的机会和威胁，因此，行业吸引力的大小应该把行业本身的特征和宏观环境的变化带来的主要机会和威胁结合起来进行评价，才能真正作为企业战略选择的依据。

第四节　大学生创业资源分析

本节要点

大学生创业资源的概念；大学生创业资源分类；大学生创业间接资源分析。

一、大学生创业资源的概念

创业资源是指企业创立以及成长过程中所需要的各种生产要素和支撑条件，是新创企业在创造价值的过程中所需要的特定资产，包括有形资源与无形资源。它是新创企业创立和运营的必要条件，主要表现形式为创业人才、创业资本、创业机会、创业技术和创业管理等。简单地说，创业资源就是创业者所需具备的一些必要条件，没有创业资源，创业机会再好也不可能实现创业。可见，创业资源是大学生创业的前提和基础，缺少创业资源，成功创业就无从谈起。目前大学生在创业过程中需要的资源是多方面的，体现在创业的各个环节，其重要性也是显而易见的，如相关的政策资源可以极大地鼓励大学生创业，同时也可以为大学生营造良好的创业环境；相关的知识资源（包括专业知识和企业经营管理知识）是创业的基础；先进的信息资源与科学技术可以为创业者成功创业提供可能；还有人脉资源、技术资源等。同时应该注意大学生必须能够学会识别并抓住，然后充分、有效利用这些有限的创业资源，从而转化为自身竞争优势。

二、大学生创业资源分类

按照资源要素对企业发展过程的参与程度，大学生创业资源可以分为直接资源和间接资源。直接资源主要包括物质资源、资金资源、市场资源、管理资源和人力资源等；间接资源主要包括社会资源、信息资源和技术资源等。

（一）直接资源

（1）物质资源。物质资源是企业运行的物质基础，其中包括内在的物质资源和外在的物质资源。在物质资源管理过程中，一般将其分为三大类：固定资产、材料和低值易耗品。

（2）资金资源。资金在创业的初期是最为核心的资源，如果资金不足，对初创企业来说是个致命打击。

（3）市场资源。企业所提供的产品或服务的种类、多少由市场中来，终也要到市场中去。市场资源对企业的生存发展至关重要。市场资源包括营销网络与客户资源、行业经验资源、人脉关系等。市场资源主要解决的问题是：凭什么进入这个行业？赢利模式是什么？市场和客户在哪里？销售的途径有哪些？

（4）管理资源。一个企业的运转需要很多要素和资源，运转好坏的关键在于管理。管理资源包括管理人才、管理制度、管理考核等。企业发展的各个阶段都需要有效的管理资源，拥有高效的管理资源，可以使企业资源更好地整合在一起。

（5）人力资源。人力资源在创业中占有举足轻重的地位，是企业的核心资源。在创业初期，相对于其他创业资源，人力资源是核心，也是实现企业可持续发展的关键资源。人力资源具有时效性、再生性、社会性的特点。

（二）间接资源

（1）社会资源。在当前社会环境下，政府及社会各界对大学生创业的支持因素就是社会资源，最为重要的社会资源是国家政策的支持。国家出台的鼓励和扶持创业的政策，是大学生创业时必须认真分析和把握的基础性资源。

(2) 信息资源。信息资源的涉及面比较广泛，从创业的初期就一直占有比较重要的地位。创业信息资源涉及企业生产和经营活动过程中的各种信息，具有内容循环重复性、导向性、整合性、流动性等特点。

(3) 技术资源。在创业初期以及企业运行的过程中，技术资源是一个企业最为关键的资源，企业要想可持续发展，必须要有过硬的技术资源才行，企业的技术先进才能使产品在竞争中赢得优势。

三、大学生创业间接资源分析

创业是一个发现和捕捉机会并由此创造出新颖的产品或服务、实现其潜在价值的过程，是创业者在资源不足的情况下收集、分析和把握机会，创造性地整合资源、形成合力、实现目标的过程。

资源是创业活动的前提和基础，如果善于总结和分析，就会发现大学生创业可以依赖的间接资源还是很多的。以中国矿业大学为例，作为一所极具行业背景的工科高校，多年来学校非常注重学生的创业训练、实践能力培养，不断地推进大学生创业活动，积极倡导以学生为主体的创业实践教育，并建立相应制度机制，从政策上给予相应的倾斜支持，鼓励学生积极参与创业活动。应该说，大学生可以利用的创业间接资源是很多的。

(一) 智力资源

随着大学教育的发展，科技创新队伍不断壮大。例如，中国矿业大学的教学、科研人员是大学生创业的重要支撑，而且这几年学校精心培养了一批创业指导教师，学生可以在这些教师的指导下进行创业计划书的撰写，可以主动参与教师的科研项目，可以在学校的支持和帮助下进行市场调研等。加上学校目前已经拥有管理学、经济学、理学、工学等学科专业，大学生创业可以根据需要，集聚相关院(系)的大学生组成知识结构互补的创业团队。丰富的智力资源使大学生在创业活动中可以进行高科技含量的创业活动，这是大学生创业的优势。

(二) 技术资源

高等学校是国家创新体系的重要组成部分，是基础研究的主力军、应用研究的重要方面军和高技术产业化的生力军。作为一所教学研究型大学，中国矿业大学经过这几年的发展，积累了大量科研成果，每年都有学校主持或者参与完成的项目获得各类科学奖、技术发明奖、科技进步奖等，但是由于种种原因其转化率不高。若大学生能够利用学校技术成果进行创业，确定目标客户，开拓潜在市场，不仅可有效提高高校科技成果的转化率，还可以解决大学生创业项目短缺问题，促进大学生高起点进行创业。

（三）物质资源

目前中国矿业大学有国家级的重点实验室、国家工程实验室以及许多省部级重点实验室等。2000 年 10 月，中国矿业大学科技园开始规划并启动建设，2002 年 7 月被列入江苏省大学科技园建设计划，2006 年 10 月被科技部、教育部认定为国家大学科技园。中国矿业大学科技园核心区包括研发区、孵化区、公共服务区，总建筑面积 40 万 m^2，在徐州经济技术开发区、徐州高新区和泉山经济技术开发区设有产业承接区，在营口、肥城、郯城、滕州、滁州等地设有外埠孵化基地。2012 年 3 月，中国矿业大学科技园被科技部、教育部评定为 A 类（优秀）国家大学科技园，成为江苏省唯一获此殊荣的国家大学科技园。

中国矿业大学科技园充分依托中国矿业大学的实验、智力、信息和科技资源优势，在徐州市政府的政策和资金支持下，以“科技成果转化、科技企业孵化、创新创业人才培养”为核心功能，以“能源、环保、循环经济”为重点发展领域，构建了功能齐全的公共服务平台体系。截至目前，园区入驻企业、机构 426 家，大学生创业企业 51 家；累计培育国家高新技术企业 41 家，“双软企业”36 家，各类挂牌上市企业 12 家。园区技工贸收入 26 亿元，实现税收 1.13 亿元。中国矿业大学科技园已发展成为徐州市乃至淮海经济区大学生创业的重要基地。

（四）政策资源

国家、地方、各部门为了鼓励大学生创业，纷纷出台了大量优惠政策。许多高校也制定了一些鼓励大学生创业的具体政策。这些政策有助于提高大学生创业素质与能力，降低大学生创业的风险，减少大学生创业的一些障碍，其本身也是大学生创业的一种间接资源。

第三章 大学生创业机会的识别与评估

学习目标

通过本章的学习，使大学生了解大学生创业机会的概念、特点与来源，了解大学生创业机会识别的概念、创业机会的影响因素和识别过程，掌握创业机会的评价及可行性评估。

第一节 大学生创业机会的概念、特点与来源

本节要点

创业机会的概念、特点和类型；创业机会的类型；创业机会的来源。

一、创业机会的概念、特点和类型

（一）创业机会的概念

在创业研究中，“机会”一词的英语表达为“opportunity”。“opportunity”由词根“op 面临”和“port 港口（引申为通道、路径）”组合而成；在汉语中，“机会”的解释是“恰当的时候”、“时机”。因此，机会可以表述为从事某项活动的有利通道和恰当时机。机会当然包含创业机会，用逻辑学术语来说，机会（opportunity）是“属概念”，而创业机会（entrepreneurial opportunity）是“种概念”，“属概念＋内涵＝种概念”，即“机会＋创业＝创业机会”。

创业机会属性研究主要从静态和动态两个角度展开。静态观点认为，创业机会是未明确的市场需求或未得到充分利用的资源或能力，是供求关系的不同组合，是一组有利于创造新产品、新服务或新需求的环境因素，是各种通过创造性地整合资源来满足市场需求并创造价值的可能性，是一些亟待满足且有利可图的市场需求，或者是一些关于创造目前市场所缺乏的物品或服务的创意、信念和行动。而动态观点认为，创业机会是指在新的市场、新的产出或者两者关系的形成过程中，通过创造性地整合资源来满足市场需求并传递价值的可能性，是一个不断被发现或创造的动态发展过程。因此，创业机会不但需要创业者去发现，

更要求创业者去实施、参与、改进和创造。发现和创造机会，进而利用机会是创业过程中的核心部分。创业机会是创业者利用市场的不完善性来追逐利益的一种可行的未来情景，在这种情境中，市场能够提供一个不断创新的新环境或在未饱和市场中对产品、服务、原材料或组织方式等进行模仿。

（二）创业机会的特点

了解创业机会的特点有助于创业者识别创业机会。

1. 时机性

创业机会存在于或产生于现实的时间之中。一个好的机会是诱人的、持久的、适时的，它被固化在一种产品或服务中，这种产品或服务为它的买主或最终用户创造或添加了价值。在创业的过程中可能存在这样的问题：如果真的有一个经营机会，是否有抓住这个机会的足够时间呢？这取决于技术的动作和竞争对手的动向等因素。所以说，一个市场机会通常也是一个不断移动的目标。在此意义上，市场存在着一个“机会窗口”。所谓机会窗口，是指市场存在的发展空间有一定的时间长度，使得创业者能够在这一时段中创立自己的企业，并获得相应的赢利与投资回报。图 3-1 给出了一个一般化市场上的机会窗口。

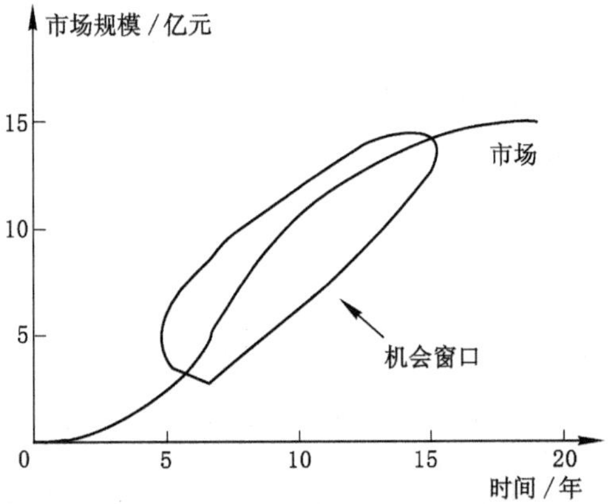

图 3-1　创业的“机会窗口”

图 3-1 中曲线描述的是典型新兴行业的快速生长模式与生命周期，如微型计算机、软件、生物工程等产业。在成熟的行业，曲线的坡度平缓，商机出现的概率要小一些。一般来说，市场随着时间的变化以不同的速度增长，并且随着市场的迅速扩大往往会出现越来越多的机会。但当市场变得更大并稳定下来时，市场条件就不那么有利了。因此，在市场扩展到足够大的程度、形成一定的结构时

(如图 3-1 中显示的第 5 年),机会窗口就打开了;而当市场成熟了之后(如图 3-1 中显示的第 15 年),机会窗口就开始关闭。

由此可见,一个创业者要抓住某一市场机会,其机会窗口应是敞开的而不是关闭的,并且它必须保持敞开足够长的时间以便被加以利用。如果创业者等到机会窗口接近关闭的时候再来创业,留给创业者的余地将十分有限,新创企业也就很难赢利,从而导致创业夭折。

创业者必须早于竞争对手准确识别并把握机会窗口,将产品或服务推向市场才会有利可图;如果让竞争对手占得先机,机会窗口就会随之关闭。市场在不同的时间阶段有着不同的成长速度,在市场快速发展阶段,创业的机会较多;发展到一定阶段、形成一定结构后,机会窗口打开;市场发展成熟后,机会窗口就会开始关闭,具体如图 3-1 所示:第一个阶段为市场兴起阶段,机会窗口尚未开启;第二个阶段为市场快速发展阶段,机会窗口开启阶段;第三个阶段市场已发展成熟,机会窗口基本关闭。

创业者选择在机会窗口的哪个阶段进入市场,很大程度上将决定创业的成败。一般来说,在机会窗口刚刚开启的阶段开展创业活动,取得成功的概率会大一些。另外,市场规模越大,创业机会的时间跨度也越大,机会窗口的开启时间可能越长。机会窗口敞开时间的长短对创业成功起到关键作用。

2. 潜在赢利性

创业机会的赢利性是指创业者通过开发、利用创业机会,从事生产经营活动可以获取一定的利润,而利润的实现依赖于创业者以高于其生产成本的价格为消费者提供产品或服务的能力。赢利性是创业机会存在的基础,只有具备赢利性的创业机会才会对创业者产生吸引力,才可以称为创业机会。

创业机会的赢利性是潜在的,并不是一眼就可以看出来的。这就要求创业者具备敏锐的洞察力,具有一定的知识、技能及相关经验等,能够在创业机会出现的时候准确地识别和把握。

3. 可开发性

创业机会应具有基本的可开发特性。可开发性一方面要求创业机会具有开发的可行性,另一方面要求创业者具备开发这种机会所需要的资源与能力。

发现机会、萌生创业想法并因此形成明确的商业概念,仅代表创业者对创业机会进行了识别。但商业概念是否能够成为有价值的商业活动,是否值得投入资源进行开发,还需要对机会的可开发性进行论证。

在实际创业活动中,能否将可行性论证后的创业机会商业化,往往取决于创业者所面临的创业环境和掌握资源的多少以及对资源的利用能力。这里的资源包括内部资源和外部资源两个方面。内部资源主要是指创业者的个人能力，如创业者的知识技能水平、社会经验、声誉、执业资格等；外部资源主要是指创业者的人脉资源。

创业机会具有很强的时效性，如果没有及时地把握住，一旦时过境迁，由于政策变化或条件所限，原有市场不复存在，或者已经有其他创业者抢先一步占据了市场，原先具有巨大价值的创业机会就会变得毫无价值。

创业机会的价值大小还会随着创业者的经营战略和运营措施的变化而发生变动，如果创业者的战略规划与创业机会的特征得到很好的匹配，那么创业机会的价值就能得到最大程度的发挥，创业的效果较好。如果创业者的战略规划与创业机会的特征不匹配，甚至出现较大的偏差，那么创业机会的价值就无法得到充分的开发，甚至引致创业失败。

（三）创业机会的类型

创业机会的类型不同，机会开发的难度、风险及其过程也有所不同。通常可以按照不同的标准对创业机会进行分类。

1. 根据创业机会的显性程度进行分类

根据机会的显性程度可将创业机会划分为显性机会和隐性机会两类。显性机会指的是一种能够被很好地记录，并且可以清楚地进行描述和交流的，有利于进行追求利润行为的机会。对于这种可以被清楚地记载和描述的机会来说，一般会出现在市场未饱和的情形下。这种机会的关注重点是对现有的产品或服务、原材料或组织方式等进行适度的改进或者模仿。

隐性机会是一种记录困难或者没有清楚的记录、描述，不利于交流，不利于进行追求利润行为的机会。这种机会的不清晰性特征更加可能是存在于市场开发很少或者先前不存在的市场之中。对于这种机会来说，创业过程中主要关注的是产品或服务、原材料或组织方式等方面进行创新或者大范围的改进。

通过这种分类，我们可以在一定程度上对机会识别的两种争论性观点进行解释，即越显性的机会越有可能被创业者通过有目的的、体系性的搜索方式而发现，而越隐性的机会越有可能被具有丰富相关知识的创业者所识别。

2. 根据机会的潜在价值和创业者创造价值的能力进行分类

根据创业者创造价值能力的确定性和机会潜在价值的确定性两个维度，可以把不同的机会分为四种类型（见图 3-2）。横轴以机会的潜在市场价值为坐标，这一维度代表着创业机会的潜在价值是否已经较为明确；纵轴以创业者的创造价值能力为坐标，这里的创造价值能力包括通常的人力资本、财务能力以及各种必要的有形资产等，这一维度代表着创业者是否能够有效开发并利用这一创业机会。

创造价值能力		机会的潜在价值：未确定	机会的潜在价值：已确定
	未确定	“梦想” Ⅰ	尚待解决的问题 Ⅱ
	已确定	技术转移 Ⅲ	市场形成 Ⅳ

图 3-2　机会的四种类型①

图 3-2 所示是机会的潜在价值和创造价值的能力组成的一个分类矩阵。矩阵左上方部分(机会类型Ⅰ):机会的潜在价值和创造价值的能力都不确定(机会及其开发方法都未知),表现的是艺术家、梦想家、一些设计师和发明家的创造性,他们感兴趣的是将知识的发展推向一个新方向,使技术突破现有限制。

矩阵右上方部分(机会类型Ⅱ):机会的潜在价值已确定但创造价值的能力不确定(机会已知但其开发方法仍未知),描述了有条理地搜集信息并解决问题的情况。在这种情况下,机会开发的目标往往是设计一个具体的产品或服务以开发已确定的市场机会。

矩阵左下方部分(机会类型Ⅲ):机会的潜在价值不确定但创造价值的能力已确定(有资源与能力但机会未知),如为技术寻找新的应用领域(技术转移)或为闲置的生产能力寻找市场机会。这里的机会开发更多强调的是寻找应用的领域而不是产品或服务的开发。

矩阵右下方部分(机会类型Ⅳ):机会的潜在价值已确定,同时创造价值的能力也已确定(机会及其开发的方法都已知),这里机会的开发就是将市场需求与现有的资源匹配起来,形成可以创造并传递价值的新企业。

从理论上来说,该分类矩阵描述了一个机会识别与开发的过程:从机会和开发方法都未知(左上方部分),到机会或开发方法其中之一已知(右上方和左下方部分),再到两者都已知(右下方部分)。在机会及机会开发方法有一个未知或两者都未知的情况下形成的企业比两者都已知的情况下形成的企业成功的概率要小。

①　[资料来源] Ardichvili A,Cardozob R,Ray S. A theory of entrepreneurial opportunity identification and development. Journal of Business Venturing,2003.

3. 根据创业机会所具有的创新程度进行分类

根据创业机会所具有的创新程度，可以把创业机会分为创新型和均衡型两种类型。创新型机会指的是新机会与企业的现存业务存在较大不同，它来自于创业者洞察未来的能力，表现为创新性的观点；均衡型机会则是指新机会与现存企业的业务差异不明显，它来自于供求本身内在的不确定性，表现为市场均衡的观点。

二、创业机会的来源

关于创业机会的来源有两大观点。一类观点认为，创业机会存在于独立创业者之外的客观环境。另一类观点则认为，创业机会并非一定预先存在，而是等待被发现。创业机会可以通过创业者对社会环境、顾客和市场的迭代思考与理解来构建，比如阿里巴巴集团构建出来“双十一”购物节。

（一）发现的视角：机会存在于客观环境中

持这类观点的人将创业机会看作是由于市场结构本身或环境中的外生冲击所创造的，即现有的市场本身会产生创业机会。对于每个人来说，都有发现创业机会的可能性。换言之，创业机会是否存在与创业者的素质、搜索的过程是无关的。之所以出现了“有人识别出创业机会而其他人没有发现”，这是因为创业者自身具备了他人所不具备的知识、经验和洞察力，这些因素促使他在机会搜索过程中对机会更敏感、更警觉。正是创业者自身具备的高警觉性，使他们更加善于搜索和分析市场中的信息，从而捕捉到市场中出现的商机，即市场中产品或服务存在的或即将存在的空缺，从而发现了创业的机会。此类观点认为创业机会的主要来源有以下两个方面。

1. 创业机会来源于市场失衡

稳定的市场，供求是均衡的。当市场中存在着失衡，机会就会产生，失衡越严重，机会就越大。尚未满足的市场需求就是一种典型的结构失衡。企业存在的根本意义在于满足顾客的需求，尚未得到满足的顾客需求就是创业机会的主要来源之一。人们在生活中往往遇到的各种问题与难处，现有的产品或服务无法有效解决这些问题与难处时，就存在尚未满足的需求。比如，出租车司机无法知晓潜在顾客在什么地方，除了效率低下的“守株待兔”外，只能漫无目的地满大街遛；而在另一个地方，想要打车的顾客却在为打不到车发愁。滴滴打车，满足了双方的需求。要想发现这类机会，创业者必须在生活中善于观察、思考。市场容量大的行业，需要具有多样性，现有的企业不可能满足顾客各种类型的需要。通过对行业市场进行细分、再细分，如果能够从中找到合适的市场空白点，找到适合自身发展的缝隙市场，就可以创建一家能够赢利并持续成长的企业。比如，长期以来左撇子的人的需要不能被很好地满足，几乎所有的商品都是按照人的右手习惯设计的。有人就看到了这个机会，创办了一家电商网站，名字就叫Lefties，出售专为左撇子设计的商品。

另一种失衡与竞争对手有关。如果能够发现竞争对手存在的问题，无论是产品、服务、组织还是流程等方面，并能够通过改进自身以弥补竞争对手的缺陷和不足，就会成为创业的机会。因此，创业者应当多了解竞争对手的情况，看看自己能否做得更好，能否提供更优质的产品，能否提供更周全的服务。如果可以，创业者也许就找到了创业的机会。

2. 创业机会来源于变化

变化会导致新的市场失衡。著名管理大师彼得·德鲁克将创业者定义为那些能“寻找变化，并积极反应，把它当作机会充分利用起来的人”。这种变化主要来自于产业结构的变动、消费结构升级、城市化加速、人口思想观念的变化、政府政策的变化、人口结构的变化、居民收入水平提高、全球化趋势等诸方面。比如，居民收入水平提高，私人轿车的拥有量将不断增加，这就会派生出汽车销售、修理、配件、清洁、装潢、二手车交易、陪驾等诸多创业机会。

新的技术和知识有助于创造出可以满足消费者需求的新产品或新服务，从而带来创业机会。随着互联网的普及，在网上开店的人越来越多，C2C的商业模式不仅为店家带来利润，同时也降低了消费者的时间成本、体力成本、精力成本和经济成本等，提升了消费体验。随着智能手机的发展，现在的人们已经可以在移动终端上通过手机软件开店和创业，使创业变得更为方便。可见，新技术及新知识的出现是创业机会的主要来源。

（二）创造的视角：创业机会是创业者创造的

该观点认为创业机会是创业者自身的一种能力体现，创业机会是由创业者创造的，而不是存在于已有市场之中。在创业者创造出机会之前，并不清楚创业机会与市场之间的关联。相对于发现视角中认为机会产生于市场的客观环境之中而言，创造视角的研究更加强调创业行为的突出作用。这一视角认为对于创业者来说，他们主要是通过自身的努力去主动创造出机会，对机会加以利用。

基于这一视角的研究发现，创业机会并不能脱离创业者而独立存在，也就是说机会只因创业者的主动行动而存在。在创造机会过程中，创业者按照自己的最初机会信念行事，同时会观察市场的反应。随着信息的不断累积，与机会相关的信念等也会发生改变。因此，创造视角的学者们将机会的来源认为是创业者通过观察市场的反应、利用自身的资源创造产生的。

创造机会主要有两种类型，一种是用发明、科学技术创造机会。比如一些新材料的开发与应用，如高功能聚合物、精密陶瓷、复合材料和高级合金，每一种新材料被开发出来，都会创造出高达千亿的市场机会。另一种是好的创意创造机会。比如改进现有的商业模式或者创造一个全新的商业模式往往都会带来创业机会。比如分众传媒，它利用了人们在等待电梯时的眼球闲置、电梯内外空白、显示器挤压和写字楼地下室放置服务器的机会，将电脑显示屏挂在电梯口和电梯间内，让人们在等待电梯时和乘坐电梯时不再感到无聊，而是向其播放广告，再向广告发布商收费。

上述两种观点在实践中都得到了验证。其实在识别创业机会的过程中并不是只有唯一的路径，我们可以看作是处于上述两种行为之间：一种是创业者通过偶然性获得了有关市场、技术、政策等方面的新信息，这种意外的行为使创业者发现了创业机会；二是有自身的创业意愿驱动，通过有目的和系统化的搜索手段，对于市场中隐藏的信息深入挖掘、了解，并将这些信息明晰化，进而促成创业机会的创造。这种整合的观点不仅体现出创造观的思想，同时也融合了发现观的观点，这一观点揭示了创业者在获取创业机会的过程中离不开市场和技术两个因素。创业机会的特征包含市场和产品自身两方面。从市场供给方面来说，新技术、新工艺的发明，会对现有市场供给的产品或服务的成本造成冲击，从而新的市场出现。从市场需求方面来说，由于社会发展可能会导致人们需求方式的改变，具有警觉性的创业者会从中发现具有潜在价值的商机。从这两个方面的分析来看，对于创业机会的来源而言，市场、技术或者政策变化都会产生机会。也就是说，创业机会的来源并不是固定不变的，而是存在多种方式。

第二节　大学生创业机会的识别

本节要点

创业机会识别的影响因素；大学生创业机会识别的过程。

一、创业机会识别的影响因素

与创业机会来源的两种观点相对应，对创业机会识别的理解也可分为两种。持发现观点的学者认为，机会是客观存在于外部环境之中的，机会本身的一些特征会影响识别的难度与识别的过程；持创造观点的学者则认为，机会识别事实上是主观的、是创造过程而并非发现过程、甚至机会识别本身就是创造性的，所以机会识别的难易程度及其过程与创业者自身的特征有关。

事实上，两种观点并不矛盾而是互相补充的。大量事实表明，创业机会既可以被发现，也可以被创造。机会识别中主客观因素的作用是同等重要的。同样是机会，不同的机会其本身大小不同，由突变因素冲击所产生的机会比渐变因素冲击所产生的机会更易被识别。市场容量大，没有被满足程度大的机会更易被识别。创业者的个人特征同样会影响机会识别，创业者不同的人格差异必然会造成不同创业者对于同一个创业机会进行搜索、评价、开发时的差异。

（一）创业者个体因素

常见的影响创业机会识别的个体因素，包括创业者的创业动机、创业者的洞察力、创业者的兴趣、知识与经验、创业者的创造力、创业者的能力和资源储备以及社会关系网络。

1. 创业动机

创业动机是创业者进行创业决策，从事创业活动的根本原因、出发点和动力。与一般人相比，创业意愿强的人对于新事物或环境的变化更有洞察力、更敏感，这有利于其对创业机会的搜索与识别。创业动机可分为机会型创业和生存型创业两种，在不同的创业动机下，机会识别的主动性与被动性会有所不同。这也是社会与学校提高大学生创业意愿、强化创业动机的原因。

2. 洞察力

洞察力也称预见力，是指一个人多方面观察事物，从多种问题中把握其核心的能力。洞察力迫使人们去抓住问题的实质，而不只是看到外表现象。缺乏洞察力的人会只见树木或只见森林，而不能两者俱见。缺乏洞察力的决策者，会浪费宝贵的资金和人力，因为他无法抓住问题的根本，因此无法制订有效的方案。有洞察力的创业者能注意到未被发觉的机会。

比如珀西·勒巴朗·斯宾塞，他是一位从事雷达技术开发的工程师，有一次在实验室做磁控管实验时，一块巧克力棒粘在了短裤上。斯宾塞注意到，当他运行磁控管时，裤子上的巧克力棒融化了。一般人可能认为，是他身上的体温使巧克力融化的，而斯宾塞给出了一个更为科学的解释：肉眼看不见的辐射光线“将其融化了”。斯宾塞对他的发现充满了好奇，将其作为一种新奇事物看待。他利用这种装置让鸡蛋爆裂，还去烤爆米花。后来斯宾塞继续实验磁控管，最后，他用箱子将其包装起来，作为一种烹饪美食的新工具推向市场。

3. 兴趣、知识与经验

个体都有自己独特的兴趣、知识与经验，这种知识与经验上的差异性就解释了为什么有些人更容易发现一些特定的机会而其他人则不能。先前的知识会提高创业者识别机会的能力，使创业者的眼光更明亮、更敏锐。先前的知识不仅影响机会识别可能发生的地方，而且影响个体在特定市场对机会的警觉性，而警觉性有助于创业机会识别。因为在现实生活中，人们更容易注意到与自己已有知识或经验相联系的刺激。对于创业者而言，丰富且广泛的生活阅历是影响潜在机会识别的重要因素，它们可以帮助创业者识别新信息的潜在价值。创业者对某一领域及其相关知识的强烈兴趣会在一定程度上提高创业者对相关机会的敏感性与识别能力。

4. 创造力

发散性思维和聚合性思维共同构成了人的创造力。发散性思维是从一个目标或思维起点出发，沿着不同方向，顺应各个角度，提出各种设想，寻找各种途径，解决具体问题的思维方法。比如氨基葡萄糖，它是人体内合成的物质，是形成软骨细胞的重要营养素，是健康关节软骨的天然组织成分。随着年龄的增长，人体内的氨基葡萄糖的缺乏越来越严重，关节软骨不断退化和磨损。人体要补充氨基葡萄糖，可以通过注射、吃或喝等方法。沿着注射、吃或喝氨基葡萄糖等方向就可以产生不同的创业项目。

聚合性思维又称求同思维，是指从已知信息中产生逻辑结论，从现成资料中寻求正确答案的一种有方向、有条理的思维方式。比如近年销售火爆的核桃枣，红枣含有多种糖类，甜度极高，但其中的皂苷成分又提高了人的甜味阈值，让我们能承受这份甜。但单吃红枣，只知道甜味，却没有层次感。核桃肉甘而不甜，缺点是微涩。如果和红枣同食，便能掩盖了涩味，降低红枣高浓度的甜味，显现出甜的层次感，使其甜而醇厚。

5. 能力和资源储备

创业者的能力储备主要包括知识的积累、能力的培养和综合素质的提升等。其中，知识学习能力尤为重要。人类不仅能从直接经验中学习，也能通过模仿他人来学习。大多数创业者属于初次创业，如何从导师或创业模范身上间接地学习创业能力，尤其是机会识别的能力，显得尤为重要。创建企业意味着开发商业模式、组建新创业团体、筹集资本、建立伙伴关系、管理财务、领导并激励员工等具体事务，因此，创业者还需要具备将创意构思转化为行动与可测量结果的能力。

资源储备主要是指创业者在创业之前或初期具备的各项资源，具体包括人、财、物、技术及社会资源等。

6. 社会关系网络

社会关系网络在创业机会识别过程中扮演着重要角色，它一方面提供市场机会，另一方面通过提供信息与资源的支持帮助创业者更好地发现市场机会。

大的社会关系网络较之小的网络拥有更强的提供信息的能力。有更广社会关系网络的创业者能显著识别更多的机会。

关系网络有强弱之分，在集体主义文化中，弱关系可能成为机会认知的障碍，而强关系则具有优势。强关系使人们相互信任并把对方当作集团内成员，信息的传递没有障碍，使用起来更为方便。据调查，大多数大学毕业生选择回乡创业，其社会关系网络规模中的强关系能够为他们提供一种现存的比较成功的商业参考模板和所需的资源，从而促成其识别出与特定商业概念相对应的机会。

社会关系网络资源并非均匀分布于社会之中，而是根据人们社会地位的高低呈金字塔状分布。处于社会顶端的少数人掌握了大部分资源，而处于金字塔低端的多数人只掌握了小部分资源。创业者个人关系网络中拥有较高社会地位的人越多，创业者越有可能获取高质量的信息。父母是创业者的话，子女更有可能在成年后成为创业者。利用社会关系网络资源获悉创业机会的创业者比那些单独的创业者能识别出更多的机会。

（二）机会因素

机会的特征在一定程度上影响着人们是否对之进行识别和评价。创业者在创业过程中之所以会选择某一机会，很大程度上是因为相信这一机会在未来产生的价值会超过现有的投入。因此机会识别也会受到创业者自身的自然属性的影响。Timmons 在研究中明确了如何对机会进行挑选的指标，这些指标包括市场需求、市场结构、市场规模和市场利润等方面。对于每一指标都分设若干分指标进行机会的评价。

二、大学生创业机会识别的过程

大学生创业的过程始于其对创业机会的搜索。大学生创业者会不断思考和搜索种类繁多、各式各样的创意项目，从中选择其心仪的创业机会，随之不断持续开发这一机会，使之成为真正的企业直至最终收获成功。在这一过程中，机会的潜在预期价值以及创业者的自身能力得到反复的权衡，创业者对创业机会的战略定位也越来越明确，因而这一过程称为机会的识别过程。机会识别过程实际上是一种广义的识别过程，由三个阶段构成：① 产生创建新企业的想法，开始搜索市场信息，产生各种各样的创意，这是机会识别的开始；② 始终如一地对于各种创意进行机会评价，选择具有潜在价值的机会，即对创业机会的潜在价值进行评估；③ 通过分析评价，进一步分析机会开发的可行性，并决定是否进行创业行为 。从某种意义上来说，创业机会的识别过程包含了对于市场信息的搜索，找出潜在的机会；对于潜在机会的商业价值进行识别，对环境进行分析，寻找最有利的商业机会；通过对自身能力的分析，判断机会的可行性。

图 3-3 较好地反映了创业机会识别的影响因素及其识别过程。

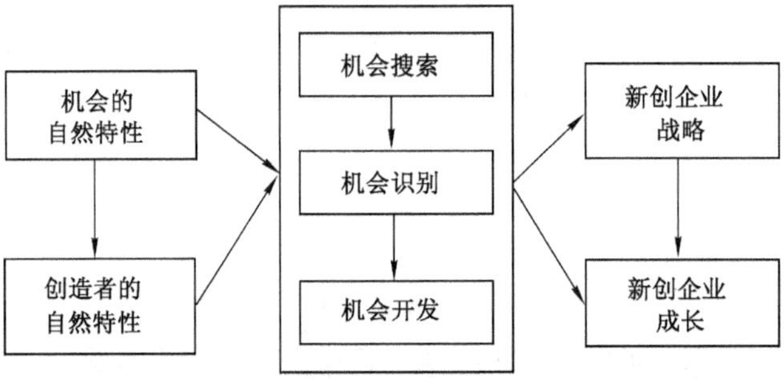

图 3-3　创业机会识别的影响因素及识别过程

第三节　大学生创业机会的评估

本节要点

大学生创业机会的潜在价值评价；大学生创业机会开发的可行性评估。

并不是每个创业机会都会给创业者带来效益，每个创业机会都存在一定的风险。因此大学生通过搜索和创新发现创业机会后，需要对每个创业机会进行潜在价值的评价和开发可行性评估，然后作出选择。在整个创业过程中，对机会进行评价的人主要是创业者、创业团队和投资者。创业机会潜在价值评价和开发可行性评估有时可以一起进行。在创业的不同阶段，随着信息的收集、各方面情况的变化，创业者很可能对创业机会作出多次评价，这些评价会使创业者识别出其他的新机会或调整其最初的看法。

一、大学生创业机会的潜在价值评价

对创业机会的评价，发生在创业行为之前。创业机会的真正价值如何，只能在创业以后才能较为准确地评价。在开始创业之前，创业者必须决定要不要利用这个机会进行创业，因此，创业机会潜在价值的评价是一种前瞻性的评价。创业者可以借助一些信号或特征对创业机会的潜在价值进行评价。许多信号或特征无法精确计量，这就给机会的评价增加了很大的难度。因此大学生在进行创业机会潜在价值评价时，定性的评价方法是主要的方法；定量的评价方法多是在确定定性评价指标的基础上进行一些简单的定量打分，然后通过比较总得分来

评价创业机会潜在价值的大小。

（一）Timmons 创业机会评价指标体系

美国哈佛大学教授杰 Jeffry A. Timmons 在 1999 年提出的创业机会的评价指标体系是目前创业学领域应用最为广泛的评价方法，其从行业和市场、经济因素、竞争优势、管理团队、收获条件、致命缺陷问题、企业家个人标准与理想和现实的战略差异八个方面设计了 53 个项目对创业机会进行评价，具体评价指标体系见表 3-1。

表 3-1　　Timmons 创业机会评价指标体系

指标	内容
行业和市场	市场，顾客，用户利益，增值，产品生命，市场结构，市场规模，成长率，市场容量，可达的市场份额，成本结构
经济因素	达到盈亏平衡点所需要的时间，实现盈亏平衡/正现金流的时间，投资回报率，资本要求，内部回报率，自由现金流量，销售增量，毛利，投资强度，运营资本，研发资本开支
竞争优势	固定和可变成本，对成本、价格和分销的控制力，产权保护，反应/领导时间，法律契约优势，合同和网络，关键人物和管理团队
管理团队	创业者团队，行业和技术经验，理性诚实，知道缺乏的知识
收获条件	附加值潜力，退出机制和战略，资本市场内容
致命缺陷问题	不存在任何致命缺陷
企业家个人标准与理想	目标和适配度，机会成本，上升/下降趋势问题，愿景，风险/回报容忍度，压力承受度
理想和现实的战略差异	适配程度，团队，服务管理，时间，技术，灵活度，机会导向，定价，分销渠道，允许失败

［资料来源］（美）杰弗里・蒂蒙斯. 战略与商业机会. 周伟民译. 华夏出版社，2002.

在具体操作时，先对上述 53 项描述作出“是”与“否”的判断，然后分别统计回答“是”与“否”的项目数量，求得两者数目与总数的比值。比值越大，则意味着机会价值与可行性越高，从而对创业机会进行定性比较，为创业者或投资者筛选创业机会提供参考。

（二）雷家骕的五特征评价法

该方法分别对机会的原始市场规模、机会将存在的时间跨度、机会的市场规模的增长速度、好机会的五个特征以及机会对创业者的可行性等五个方面进行评价。如表 3-2 所示。

表 3-2　　雷家骕的五特征评价法

指标	说明
原始市场规模	市场越大越好，但大市场可能会吸引强大有力的竞争对手，因此小市场可能会更友善
机会将存在的时间跨度	一切机会都只存在于一段有限的时间之内，这段时间的长短差别很大，由商业性质决定
预期特定机会的市场规模随时间增长的速度	一个机会可能带来的市场规模将随时间变化，一个机会可能带来的风险和利润也会随时间变化，机会存在的某些时期可能比其他时期更有商业潜力
好机会的五个特点	① 前景市场可明确界定；② 前景市场中前一年销售额稳步且快速增长；③ 创业者能够获得利用机会所需的关键资源；④ 创业者不被锁定在刚性的技术路线上；⑤ 创业者可以用不同的方式创造额外的机会和利润。
特定机会对特定创业者的可行性	创业者是否拥有利用某个创业机会所需的资源；是否能架桥跨越缺口；对于可能遇到的竞争力量，至少要可以与之抗衡；存在可以占领的前景市场份额，甚至创造市场

（三）销售因素法

销售因素法是通过对与销售产品有关的选择因素进行定性评价来评价创业机会。通过设定的 11 个选择因素来对创业机会进行判断，如果某个创业机会只符合其中 6 个或更少的因素，通常情况下这个创业机会是不可取的；相反，如果某个创业机会符合其中 7 个或以上的因素，那么这个创业机会就是值得考虑的。销售因素法的选择因素见表 3-3。

表 3-3　　销售因素法选择因素

序号	因素
1	对于税前投资的回报率的贡献
2	预期的年销售额
3	生命周期中预期的成长阶段
4	从创业到销售额高速增长的预期时间
5	投资回收期
6	占有领先者地位的潜力
7	商业周期的影响
8	产品高定价的潜力
9	进入市场的容易程度
10	市场试验的时间范围
11	对销售人员的要求

（四）标准打分法

标准打分法是在选取某些重要的创业机会定性评价指标的基础上，由专家小组确定每个评价指标的权重，然后由创业者或投资者对每个创业机会的评价指标进行极好(3 分)、好(2 分)、一般(1 分)三个等级的打分，或者对－2 分到＋2 分的评价打分，计算每个评价指标的加权平均分，最后根据加权平均分的大小，对不同的创业机会进行比较。标准打分矩阵如表 3-4 所示。

表 3-4　　标准打分矩阵

指标	权重	得分	加权平均分
这个创业机会在现阶段是否只有你一个人发现？			
初始的产品生产成本是否可以承受？			
产品是否具有高利润回报的潜力？			
产品投放市场和达到盈亏平衡点的时间？			
潜在市场是否巨大？			
你的产品是否是一个高速成长家族中的第一个成员？			
你是否拥有一些现有的初始客户？			
是否可以预期产品的开发成本和开发周期？			
是否处于一个成长中的行业？			
金融界是否能够理解你的产品和顾客对它的需求？			
合计	1.00		

表 3-2 列举了 10 项评价指标，在实际操作过程中，可根据创业机会的具体情况选择不同的指标体系。比如，可以从选择易操作性、质量和易维护性、市场接受度、增加资本的能力、投资回报水平、专利权状况、市场的大小、制造的简单性、广告潜力和成长潜力等 10 个指标中选择一些指标构建指标体系。

（五）优先级比较法

优先级比较法实际上是通过计算和比较各个机会的优先级来评价机会的大小。优先级的计算公式为：

$$\text{机会优先级}=\frac{\text{技术成功概率}\times\text{商业成功概率}\times(\text{价格}-\text{成本})\times\text{投资生命周期收入}}{\text{总成本}}$$

在该公式中，技术和商业成功概率用百分比表示；成本以单位产品成本计算；投资生命周期收入是指可以预期的所有收入；总成本包括研究、设计、制造和销售各个环节的成本之和。对于不同的创业机会计算其优先级，优先级越高则创业成功的可能性越大。

二、大学生创业机会开发的可行性评估

大学生在进行创业机会的可行性评估时，可以从创业机会相关的产品或服务技术可行性、行业或市场可行性、财务可行性和创业团队能力等四个方面进行评估，以此确定创业机会开发的可行性。在具体操作时，为了提高评估的科学性与可靠性，需要搜集大量市场信息。搜索信息方式可以是资料查阅、行业专家访谈、潜在消费者调查、咨询公司咨询等方式。

（一）产品或服务技术可行性评估

技术可行性评估可以从与替代品或潜在竞争对手功能比较、技术风险及规避方法、易用性及用户使用门槛、产品环境依赖性等方面进行评估。

与替代品或潜在竞争对手功能比较，要求大学生在进行创业机会开发可行性评估时要研究同行业有多少类似产品、有哪些功能、功能异同点、技术的指标等；在此基础上评估能否以更低的成本提供相同或相似的功能，或以相似的成本达到更高的技术指标或提供更高的功能。

技术风险及规避方法，主要指与创业机会开发相关的产品或服务在技术上是否有解决不了的问题，如果有要如何规避。

易用性及用户使用门槛，要求对产品的易用性和用户群体进行分析，看看潜在顾客是否会有使用难度，对潜在顾客的技术要求是否过高。

产品环境依赖性，主要研究产品是否依赖于第三方平台或环境，如有的APP就规定必须满足IOS 7.0以上；有的平台规定只适配IE、火狐、360浏览器，其他浏览器不支持；有的产品使用前必须插入U盾，否则无法使用。

（二）行业或市场可行性评估

行业或市场可行性评估是对将要提供的产品或服务的整体市场吸引力进行评估的过程。它主要包括产业吸引力评估和市场进入时机评估。

1. 产业吸引力评估

一个强吸引力的行业应满足以下条件：产业内几乎没有竞争者，产业集中化程度低，产业历史短，产业生命周期多处于导入期阶段，产业增长率和产业内企业平均净收益率较高，产业内让消费者感兴趣的新产品数量较多，且对消费者而言都是必需品，经济与环境趋势对产业发展非常有利，长期发展前景好。表3-5列出了10个强吸引力的产业评价指标。

2. 市场进入时机评估

把握新产品入市的有利时机，不仅是创业成功的基础，而且是市场前景是否光明的重要保障。入市时机的评估，首先要确定新产品的机会窗口是否开启，避

表 3-5 强吸引力的产业评估指标

评估指标	高潜力
竞争者数量	没有
产业生命周期所处阶段	导入期
产业增长率	高
产业内产品对消费者的重要性	必需品
产业内企业平均净收益率	高
产业集中化程度	低
经济与环境趋势对产业发展有利程度	高
产业内让消费者感兴趣的新产品数量	多
产业历史	短
长期发展前景	好

免陷入市场沉默期。其次，要明确准备进入行业当前的动态和创办企业的时机是否合适，这要求创业者必须对市场的经济学知识有基本的了解，准确把握本行业的发展态势。产品进入市场的最佳时机应具备以下条件：消费者的欲购情结高涨，产品能引起市场的轰动，市场需求大，消费环境好，市场跟进者少。表 3-6 列出了 5 个产品入市时机的评估指标。

表 3-6 产品入市时机的评估指标

评估指标	高潜力
消费者的欲购情结	极强
市场轰动性	迅速且有冲力
市场或当地对拟建企业的需求	高
环境趋势对目标市场发展的有利程度	高
近期是否有企业拟进入	无

（三）财务可行性评估

财务可行性评估包括对机会利用的资本需求估算和赢利可行性评估。

1. 资本需求的估算

新创企业的启动资金包括固定资产投资和流动资金，虽然不需要很精确，但大致需要多少资本，创业者要做到心中有数。创业者应根据新创企业的规模，即预测的销售量情况，估算出需要的启动资金，只有准备充足的资金才不会在创业的过程中因资金不足而丧失赢利能力，甚至导致企业因现金流断裂而夭折。

2. 赢利可行性评估

财务可行性评估主要是评估创业机会开发的赢利可行性。在进行财务可行性评估时，大学生创业者要进行产品或服务成本与收益分析。产品成本通常包括但不仅限于原材料成本、人力成本、物流成本、销售成本、财务成本、水电费以及机器、设备、工具、固定资产等的磨损、折旧和材料等的各种损耗和管理成本。

在进行产品或服务收益分析时，着重进行以下几方面的评价分析：

(1) 收入模式分析。收入模式分析需结合创业机会开发的商业模式，分清楚哪些收入是一次性销售收入，哪些收入是持续性比较强的服务性收入。

(2) 投资回报周期分析。即多长时间能收回收益，每个月的收益率是多少，可能产生的收益波动等。此外，还需要结合产品或服务生命周期，通过生命周期分析确定产品的收益时间。

(3) 隐性价值分析。即通过产品或服务的开发，可能带来的其他价值，如口碑、好评、行业地位、凝聚力等。

(四) 创业团队能力评估

评估创业团队的综合能力有助于新创企业实现商机价值的最大化。评估创业团队的能力主要从其管理能力和资源整合能力两方面进行。

1. 管理能力评估

对创业团伙管理能力的评估有两个方面：一是评价创业团队的创业热情有多高；二是评价对拟进入市场的熟悉程度。一个高潜力的创业团队应具备以下条件：对创意的高昂热情；丰富的专业经验；深厚的社会人脉资源；持续的创新能力；一支熟悉工商管理、懂技术的优势互补的团队。表 3-7 列出了 7 个创业团队管理能力的评估指标。

表 3-7　　创业团队管理能力的评估指标

评估指标	高潜力
对商业创意的热情	高
相关的专业经验	丰富
先期创业经验	丰富
职业与社会网络的深度	强
管理团队成员的创造力	高
现金流管理方面的经验和知识	高
MBA 等相应文凭	有

2. 资源整合能力评估

之所以要评估创业团队的资源整合能力，很重要的原因是创业者的资金、时间、人员及其他资源都是有限的。创建新企业需要的核心资源包括：办公场地；试验场地、生产场地或服务企业用地；委托生产商或外包服务提供商；与供应商的接触；与同类企业信息共享的机会；企业运转所需的关键设备及软件服务；关键管理人员和关键得力员工；获得关键技术或专利等知识产权保护；与大学等机构的产学研合作；与消费者的接触；当地政府的支持扶助等。创业团队轻而易举地获得以上全部或部分资源是对其资源整合能力的检验。

第四章　大学生创业计划书的写作

学习目标

通过本章的学习，使大学生了解创业计划的概念、形式与内容；创业计划书制作过程中的书写技巧、书写格式及注意事项；口头陈述创业计划书时的技巧以及常出现的错误等，培养大学生更加专业的创业计划书的写作能力。

第一节　创业计划书的概念与内容

本节要点

创业计划书的概念与作用；创业计划书的形式与内容；创业计划书的一般格式。

一、创业计划书的概念与作用

很多人认为，头脑中有了好的创业思路，就可以开始准备创业了，并不需要一份正式的创业计划，有时候甚至认为不需要详细的创业计划而单凭经验一样可以实现创业成功。但是现在，更多的创业者在无数前人创业成功与失败的经验基础上，越发认识到一份内容完整、思路清晰、切实可行的创业计划对于创业成功十分重要。

（一）创业计划书的概念

对于一位创业者来说，如何将自己的产品或技术向公众推介，如何吸引风险投资家们的眼球，主要取决于创业计划的成败。什么是创业计划呢？

罗伯特·A. 巴隆和斯科特·A. 谢恩合作编写的《创业管理基于过程的观点》中指出，创业计划不仅是一份设计好的、旨在说服持怀疑态度的人向新企业投资的文件，也是一份把创意和愿景转变为现实企业的详细路线图。

张玉利主编的《创业管理》中指出，创业计划是一份全面说明创业构想以及如何实施创业构想的文件，是描述所要创立的企业是什么以及将成为什么的故事。

李文忠主编的《创业管理案例分析、经验借鉴、自我评估》中指出，创业计划描述了特定商业活动所有相关的外部条件及内部因素，它是对特定商业活动的详尽筹划后的系统描述。在创业管理中指对特定创业活动具体筹划的系统描述。

结合以上定义，本书认为创业计划书是一份全方位的项目策划书，创业者在市场调查的基础上发现市场机会，阐明如何利用该市场机会进行企业活动，并从企业内部的人员、制度、管理以及企业的产品、营销、市场等各个方面对即将展开的商业项目进行可行性分析。

（二）创业计划书的作用

创业计划书是企业融资成功的重要因素之一，具体来说，创业计划的作用体现在以下几方面。

1. 对投资者

投资者是资金的拥有者，但投资者不是慈善家。投资者投资项目的目的在于获取投资带来的收益，投资者对于投资项目的选择也是十分谨慎而苛刻的。投资者由于时间精力都有限，对于任何潜在投资项目不可能身体力行地去考察，因此，一份理想的创业计划书是决定他们作出投资决策的关键。

2. 对创业者

创业计划不仅是创业者融资的工具，而且还可以帮助创业者系统地“诊断”创业企业、掌握企业的情况、发现企业的优势和缺点，及早发现项目的风险，以便制定降低风险的办法。好的创业计划不仅给出了项目的可行性，而且也提出完成项目所要采取的措施。具体而言，创业计划告诉创业者：

（1）你了解或熟悉这个项目吗？

（2）你了解项目的市场并有了进入和拓展市场的方案吗？

（3）你和你的管理队伍能够胜任这个项目计划的执行吗？

（4）项目的投资和投资回报是你和投资者期望的吗？

（5）有哪些风险和机会存在？

3. 对创业企业的员工

创业计划不仅仅是创业者向潜在投资者描绘的未来蓝图，也是创业企业今后的奋斗目标。对于任何企业来说，无论它的未来多么美妙、目标多么诱人，最终都要通过企业的全体成员来实现。因此，创业计划只有被企业员工充分理解并认同，它所描绘的目标才能实现。可见，良好的创业计划还具有增强企业的凝聚力和向心力的作用。

二、创业计划的形式与内容

(一) 创业计划的形式

一般来说,创业计划分为三大部分。首先是形式部分,包括创业计划书的封面、扉页、目录等,是创业计划的外部包装;其次是本体部分,就是创业计划的主要内容;最后是补充部分,比如专利证明、营业执照或专业证书,或者是意向书、推荐函等。

1. 封面和扉页

封面应该包括创业项目的名称、项目的联系人(负责人)、联系方式等内容,并且这些信息应置于封面醒目位置。因为封面和创业计划可能分离,最明智的方法是同时在这两处都留下联系信息。封面底部可以放置警示读者保密的事项,当然也可以将警示放在扉页。如果公司已经有独特的商标,那么应该把它放在靠近封面顶部中间的位置。

如果封面没有放置警示读者保密的事项,则有必要设计扉页,即保密承诺。在保密承诺中,要注明创业计划属于商业机密,所有权属于某企业或某项目,未经同意,其他任何人不得将计划全部或部分地予以复印、影印、泄露或散布给他人。必要时,可以要求接受创业计划书副本的负责人签字承诺保密。

2. 目录

为了方便阅读和查找,应该在基本内容之前设置目录。目录是一份"导游图",引导战略伙伴或创业投资者游览创业计划,并最终得出应该为这个创业项目提供资金的结论。如果这份导游图模糊不清、丢三落四,那么结果可能会使战略伙伴或创业投资者失望甚至放弃。创业计划的每个主要部分应列入目录,并标出所在页码。

3. 附录

附录包括与创业计划相关,但不宜放在扉页和正文的一些内容,如企业的营业执照等证件、企业的组织机构图、产品说明书或照片、创业(管理)团队成员简历、具体财务报表等。通常,附录对于提高创业计划的质量有着重要的作用,对于创业者获取外部资源的支持有着特殊的意义。

一般来说,附录的内容可分为附件、附表和附图三部分。当然,一份创业计划书没有必要全部包括以下所有部分,只从其中选取一些对自己的创业计划具有佐证价值的材料收入附录即可。附件包括营业执照复印件、主要经营团队名单及简历、董事会名单及简历、公司章程、专利证书、注册商标、鉴定报告、企业形象设计、场地租用证明、产品说明书、市场调查资料、专业术语说明、简报及报道、宣传资料等。附表包括主要产品目录、主要客户名单、主要供货商及经销商名单、主要设备清单、市场调查表预估分析表、现金流量预测表、资产负债预测表、损益预测表等。附图包括产品市场成长预测图、企业的组织结构图、工艺流程图、产品展示图、产品销售预测图、项目选址图等。

（二）创业计划的内容

创业计划的内容依目标、对象的不同而有所不同，计划书的重点也会有所不同。不过，创业计划书也有一般的格式，以下内容是经常被提及的。

1. 执行概要

执行概要能吸引战略伙伴和创业投资者的注意，好的概要能使战略伙伴或创业投资者一开始就对提供计划的创业者留下一个良好的印象。概要并非创业计划的引言或前言，恰恰相反，它是对整个创业计划高度精练的浓缩，是整个创业计划的精华。概要将创业计划的核心提炼出来，列在创业计划最前面的部分。

创业计划的阅读者都是很忙的，他们往往先索要一份计划的概要，在概要有足够说服力时，才会要求阅读详尽创业计划正文。因此，概要必须涵盖计划的要点，简明扼要、条理清晰地阐明创业的基本思路、目标及其优势。创业者要反复推敲、精益求精，使概要结构完美，语句清晰、流畅且富有感染力，便于阅读者在最短的时间内一目了然地评审计划并作出判断。计划概要最好是一页，无论如何不要超过两页。

概要应该特别突出的是富有吸引力的鲜明个性、明确的目标以及创业者自身所具备的优势等，让投资人能在最短的时间里全面了解整个创业计划。在概要中，创业者一般要突出以下重要内容：① 是否已经成立公司，公司目前的状况，产品或服务进入市场的准备程度。如果企业已经投入运营，要提供过去的成功业绩和当前交易情况，以及现有的主要人员。② 将要推出的产品或服务及销售对象，尤其是竞争优势的详细分析，市场需要这种产品或服务的原因，市场规模、预计销售量。③ 利润和现金流动的预测，需要资金数量，提供资金的投资者或贷款人何时以何种方式得到收益。④ 创业者的长远和近期的目标，以及达到这些目标将要采取的战略和策略。

概要虽然列在创业计划的最前面，但它是在其他部分定稿之后撰写的，因为只有这样，才能形成对创业计划的准确概述。

2. 企业介绍

企业介绍主要是对创业企业或创业者拟建企业的总体情况介绍。它主要是明确阐述创业背景和发展的立足点，包括企业定位、企业战略以及企业制胜因素等内容。这一部分的主要内容包括以下四个方面。

（1）企业设立的必要性和适当性。对企业进行介绍的最便捷方式是从描述创业机会入手，着重讲述为什么要设立一个企业，以及设立企业最合适的时间、地点等；接着阐述拟采用的企业形态，以及为什么要采用这种形态等；然后是竞争优势分析和商业模式概述。总之，这个部分应该简要说明企业设立的必要性和适当性。

(2) 企业的目标和发展战略。创业者应该进一步说明自己企业的背景和现状，清晰明了地表述企业的全盘战略目标，提出创业企业的最终赢利目的，使投资人能充分了解并信任其所投资的创业企业。

(3) 企业的股权结构。本部分应首先介绍新创企业的股权结构，包括描述管理团队成员之间的关系。对新企业而言，最常见的问题就是没有清晰界定权责关系，当两个或多个创业者地位相当时更容易发生这种失误。为了表明创业者已解决了这个问题，计划书中必须加上组织结构图，同时配以简要的文字来说明结构图中的重要关系，如表 3-1 所示。

表 3-1　　企业的股权结构

股东	出资数额	出资时间	出资方式	出资额比例	所任职务
甲					
乙					

3. 产品或服务介绍

产品或服务是创业计划的具体承载物，是投资最终能否得到回报的关键。对产品或服务的介绍，尤其要注重产品的新颖性、先进性和独特性，可以给出产品或产品原型的图示或数码图像。如果产品体积很小或非常廉价，比如某种易存食物，可以将样品和创业计划一同送出；如果产品技术原理非常复杂，就必须用通俗语言对它进行阐述。投资者往往不是科学家，因此要避免使用技术用语或者行业专用语。产品或服务的介绍可以包括以下内容。

(1) 产品或服务的特点和竞争优势。该项说明创业者的产品或服务与竞争对手相比有哪些优缺点和特色，顾客为什么会选择本企业的产品或服务。创业者应对其描述得尽可能翔实清晰，具体应突出产品或服务的特点、潜在竞争优势、是否适应现有消费水平、对市场前景准确合理的判断等。

(2) 产品或服务的市场前景预测。该项说明创业者的产品或服务预计能获得多大的市场，为什么企业的产品或服务能获得较大市场，为什么用户会大批量地购买企业的产品或服务。产品或服务要有商业价值，必须以市场为导向，而不能以纯技术为导向，因为有市场机会的创意才最有价值，才能够满足目标市场领域的要求。

（3）产品或服务的知识产权保护。该项说明创业者为自己的产品或服务采取了何种保护措施，拥有哪些专利、许可证，或与已申请专利的厂家达成了哪些协议，如拥有的专利技术、版权、配方、品牌、销售网络、专营权、特许权经营等。知识产权是塑造创业企业价值和竞争优势的基础，除高度机密信息外，应该列出企业拥有的所有重要专利、商标和版权；对那些高度机密的内容，企业可以宣称出于知识产权考虑，它还处于秘密运作阶段。对创业者来说，这些措施持有越多越好。

（4）产品或服务的研发情况。该项说明创业者的产品研究与开发目前正处于一种什么样的状态，创业者在技术开发方面已经投入的资金总额是多少，计划再投入多少开发资金。如果是未开始实际研究和开发产品，则应说明创业企业或主要创业技术骨干的研究与开发成果及其技术先进性，包括技术鉴定情况，或国际、国家、省、市及有关部门和机构奖励情况。

（5）产品的生产计划。该项说明对企业生产活动进行的统筹安排，是企业生产活动有序进行的基本依据，是企业生产经营计划的重要组成部分。生产计划针对的是有关生产方式、生产设备、质量保证等方面的问题。

4. 市场机会分析

清晰的市场计划是对创业风险投资商最具吸引力的方面，而机会分析是投资者决定是否进入市场的关键因素。为了保证市场机会分析的准确性，创业者可以委托不同专业的市场分析公司分别做出严密、科学的权威性调查报告，并综合尽可能多的数据，做出最终的论证方案，最大限度地规避风险。市场机会分析可以从宏观、中观和微观三个层次来进行。

（1）宏观环境分析。创业者可以运用 PEST 法对创业想法所涉及的政治与法律环境、经济环境、社会文化环境与技术环境作出周密的分析，从宏观上辨别机会是否存在。PEST 分析是指对宏观环境的分析，宏观环境又称一般环境，是指影响一切行业和企业的各种宏观因素。对宏观环境因素进行分析，不同行业和企业根据自身特点和经营需要，分析的具体内容会有差异，但一般都应对政治（political）、经济（economic）、社会（social）和技术（technological）这四大类影响企业的主要外部环境因素进行分析。简单而言，称之为 PEST 分析法。

（2）中观行业分析。该项说明创业者试图进入的行业发展趋势及其重要特征，如行业规模、吸引力和赢利潜力。行业分析不仅要考虑行业结构、市场大小、成长趋势和竞争者，还要考虑新产品或新发展、新市场和新顾客、新要求、新进入者和退出者以及其他对企业产生正面或负面影响的行业或经济趋势和因素。阅读行业分析之后，投资者应该能准确把握新企业参与竞争的行业前景，识别创业者试图进入的目标市场以及如何保护其定位。

(3) 微观竞争分析。根据波特的竞争模型，潜在的进入者、行业内现有的竞争者、替代品的生产者、供应者和购买者是主要的竞争力量。该项说明创业者对市场竞争情况及各自优势的清楚认识和明确的竞争战略部署。俗话说，“知己知彼，百战不殆”。竞争分析有助于创业者迅速摸清新企业的产品或服务，较其竞争对手的产品或服务的主要优势和独特品质。

5. 营销计划

营销计划应该承接市场分析部分，并提供有关新企业产品销售的详细信息。营销计划主要是对如何达到销售预期状况进行描述分析，需要详细说明发掘创业机会和竞争优势的总营销战略。营销计划必须详细说明为了扩大产品销售所需的资金数量，同时，应该阐述其他的营销组合方面，包括价格、渠道和促销以及对销售人员的激励方式和有效促销策略。投资者阅读完这个部分后，应该对企业进入其目标市场的总体策略充满信心，同时也能感受到企业的产品战略、价格战略、渠道和促销战略互相补充融为一体，并能够起到实效。

6. 财务计划

财务是战略伙伴和创业投资者最为敏感的问题，从中可以判断自己的投资能否获得预期的回报，所以提供清晰明了的财务报表是对创业者最基本的要求。创业者应对资金需求额度具备足够的认识，必要时还要请教专业人士。战略伙伴和创业投资者最关心企业经营的财务损益情况，这是决定战略合伙人是否加盟、创业投资者是否投资的关键因素。创业者要根据创业计划、市场计划的各项分析和预测，在全面评估市场信息和企业财务环境的情况下，提供企业今后 3 年的预计资产负债表、损益表以及现金流量表。创业者要将预测的依据、预测的前提假设以及预测的方法一一列明，以增加预测的可信度。

7. 管理能力

管理能力在创业计划中体现在以下四个方面。

(1) 核心管理者。该项应该包括管理团队中每个核心成员的简要介绍，包括他们的职务、工作经历和经营业绩、受教育程度、管理背景和能力等，特别是有关专业知识、技能和成就。如果管理者的简历中包含有特别信息，应该在附录中详细说明。如果管理团队成员之间曾经有过共事经历，那么就应该强调这些与工作相关的经历。在投资者看来，与彼此陌生的管理团队相比，那些曾有过成功共事经验的管理团队的风险更小。

(2) 管理团队。该项主要介绍创业团队成员所具有的教育及工作背景、具体分工情况、产权股权划分情况、创业信念、风险识别及反应、实施计划能力的情况，重点展示管理团队的凝聚力和战斗力，使战略伙伴和创业风险投资者了解企业的管理团队是由一批具有丰富的管理经验和较高的职业道德的人士组成。团队的结构应该谨慎，应拥有技术、管理、财务、法律等方面的人才或各有专长的组织成员，并且还需充分考虑内部成员能力互补的问题。

(3) 人力资源。该项要考虑现在、半年内、未来 3 年的人事需求，并且具体考虑需要引进哪些专业技术人才、全职或兼职、薪水如何计算，所需人力资源管理成本等；该项还应说明企业准备设立哪些机构，各机构配备多少人员，人员年收入情况；是否考虑员工持股问题，如果考虑，就需要说明股票期权实施办法和红利分配原则；企业如何加强对员工的持久激励；阐明企业的内部约束机制和外部约束机制等。

8. 融资计划、投资回报与退出

融资计划、投资回报与退出是创业计划的关键部分，是创业投资者十分关心的问题，其内容包括以下三个方面。

(1) 融资计划。该项说明创业者对资本的具体需求和安排。创业者应在此列出资金结构及数量，并在全面估价后，提出最具吸引力的融资方案。比如，为保证项目实施，需要吸引多少投资；需要的投资中，需投资方投入多少，对外借贷多少，企业自身投入多少；有对外借贷，抵押或担保措施是什么。此外，还需要说明融资款项的运用、营运资金周转等具体的资金使用规划，目的在于使战略伙伴和创业投资者信任创业者并能够放心交付资本。

(2) 投资回报。该项需要用具体数字来描述投资人可以得到的回报，需要预计未来 3～5 年平均每年净资产回报率，包括投资方以何种方式收回投资、回报的具体方式和时间等。

(3) 投资退出。该项需要与风险投资者协商确定。创业风险投资公司往往要求在很短时间内收回投资，一般是 3～5 年。对新企业而言，主要有三种收回投资的方式，分别是公开上市、找到买家或被其他企业收购。此时，投资者就可以通过股票交易出售他的股票，从而将股票转变为现金，如果离开这些主要交易市场，投资者很难为所持股票找到买家。

9. 投资风险

投资风险也是创业投资者十分感兴趣的问题，直接关系到其商业利益，因此，创业者要仔细考虑和分析，必须根据企业自身实际来描述确实存在的关键风险。该项指的是在创业过程中，创业者可能遭受的挫折，如市场变动、竞争对手太强、客源流失等，这些风险甚至会导致创业失败，因此，可能风险评估是创业计划书中不可缺少的一项。创业计划应该给读者的重要印象之一就是新企业管理团队的细心，已充分认识到企业面临的关键风险，并能一一提出妥善的预防和解决方案。

10. 经营预测

在创业计划书中最好分别提出近期计划、远景规划，提出响亮又务实的阶段目标。阶段目标是指创业后的短期目标、中期目标和长期目标，主要是让创业者明了自己事业发展的可能性与各个阶段的目标。这些目标与预测必须建立在现实、客观、具体的数据上，经过统计分析推导出来。只有这样才能建立起战略伙伴和创业投资者对创业者憧憬的认同。

第二节　创业计划书的制作

本节要点

创业计划书的书写技巧；创业计划书的书写格式、制作过程中的注意事项；口头陈述技巧。

一、创业计划书的书写技巧

一个风险投资公司每月都要收到数以百计的各式各样的创业计划书，每个风险投资家每天都要阅读几份甚至几十份创业计划书，而其中仅仅有几份能够引起他的进一步阅读兴趣，更多的则被无情地扔到废纸篓中。为了确保创业计划书能够引起风险投资者足够的注意力，必须事前进行充分周密的准备工作。

1. 开头最关键

凡是好文章都有一个共同的特点，即凤头、猪肚、豹尾。文章的开头要起到一个提纲挈领的作用。整个创业计划书要有一个精彩的概要，每个章节要有一个精彩的开头，每个段落要有一个精彩的句子。对于整个创业计划书，最重要的是摘要部分，具体到每一章，最重要的是每一章开头的引言，一定要用一两句话，精炼地概括出整章的核心思想。

2. 吸引投资者的注意力

撰写创业计划书的最主要目的是引起投资者的兴趣。通过创业计划书这种形式说服投资者，让他们心甘情愿地拿出钱来，投资创业者的好想法或好技术。因此，在撰写计划书时必须事先搞清楚什么是投资者最感兴趣的东西，什么是他们不感兴趣的东西，投其所好才能事半功倍。另外，在寻找投资者之前一定要做一番市场调查，摸清要找的投资者的基本情况，有针对性地做好准备。

3. 多表现投资者感兴趣的方面

毫无疑问，所有投资者都对利润大、风险小的投资项目最感兴趣。在一般情况下，投资回报与风险成正比，但是在众多的项目选择中，投资者自然首先把注意力集中在那些风险相对较小、回报相对较大、投资更安全的项目。不同的投资者有不同的侧重点，在评估项目时有不同的考虑。但是，任何一个有经验的专业投资者一般总是对创业计划以下几个方面感兴趣。

（1）产品或服务有无市场前景。投资本身就是一种市场导向的经济活动。投资者首先感兴趣的是资金申请者所生产的产品或提供的服务是否被市场所接受。好的产品或好的服务如果不能被市场接受，是不会产生经济效益的。所以资金申请者一定要在创业计划书中提供足够的证据来证明市场对其产品或服务接受的情况。

（2）能够明确反映出投资者的要求。大多数投资者一般都希望他们的投资能在 3～7 年收回，即他们所持的企业股份能在 3～5 年兑现。投资者要知道他们的投资在什么时间、以什么样的方式可以得到偿付。例如，是企业公开上市，还是出售企业，或者是企业从他们手中把股份收购回去，等等。投资者需要企业在创业计划书中对他们有一个明确的交代。他们还要知道投资回报率与风险是否成相应的比例。重要的是，他们还要知道在创业者提供的投资回报率中是否考虑通货膨胀的因素。一般来讲，投资者希望在考虑通货膨胀因素的情况下，投资年回报率应该在 35％～60％。

（3）投资者需要创业者指出他们新创企业的强项。企业应该告诉投资者自身强项的一两个地方，以及自己如何尽最大的努力把全部精力集中到这一两个强项上。如果企业不能在创业计划书中突出自己的强项，或者突出太多的项目，投资者就会产生疑问，他们会对企业的管理能力和经营方式产生怀疑。如果没有独特的拳头产品或服务，投资者一定怀疑创业者的企业是否可以在市场中站住脚。如果提到的项目太多，他们会怀疑创业者的精力过于分散，不能干好任何事情。

（4）企业还需有坚强的自我保护能力。企业不但要告诉投资者自己的强项，还必须告诉投资者如何保护自己的强项，例如专利、专利转让书、商标保护、版权证明等。如果企业没有自己的独特技术或服务项目，或者虽然有特殊的技术，但是得不到可靠的保护，投资者都不会放心。例如麦当劳是快餐业的巨头，它所提供的快餐服务，任何人都可以掌握其经营方式，但是未经麦当劳的允许，任何人不能挂麦当劳的牌子。

(5) 投资者对企业在市场中的地位感兴趣。投资者尤其对企业的技术或管理方式在同行业中处于什么样的领先地位感兴趣。例如宝丽来公司研究开发的一次成像技术就是一个典型的例子。宝丽来公司所掌握的一次成像技术，是世界上最先进的一次成像技术。当世界最大的胶片公司柯达公司用将近 30 年的时间才研制出不侵犯宝丽来专利权的一次成像胶片时，宝丽来早已经在一次成像的市场上赚够了钱，并且建立了不可动摇的霸主地位。

4. 回避投资者不感兴趣的方面

(1) 投资者不喜欢企业过于强调产品或服务。许多企业或新技术发明家往往过于乐观地相信自己的产品或服务，过高地估计技术或想法的重要性。他们在创业计划书中过分强调产品或服务而忽略了市场。从投资者的角度看，他们认为这些企业家把未来的市场完全建立在自己的主观愿望上和未来可能的顾客上。投资者最反感的就是这种创业计划书，而这又往往是企业家最容易犯的错误。没有市场的产品一定不会引起投资者的兴趣，在现代商品社会，对企业的生存而言，市场的重要性已经远远地超过技术的重要性。

(2) 项目超出公认的正常界限。每一个行业的赢利情况都有一个公认的范围。例如，一般机电零部件生产行业的毛利是 30%左右，而医疗器械生产行业的毛利是 60%左右。如果一个机电零部件生产企业把毛利预计为 60%，而医疗器械生产企业把毛利预计为 30%，两者的预计都超出社会一般的公认界限，投资者必然对这二者的创业计划书产生怀疑。他们一定会认为生产机电零部件的企业过于夸张了企业的赢利，而生产医疗器械的企业在管理方面存在问题。

(3) 企业成长速度高得离谱。很多创业者，特别是那些有新技术或新发明的创业者往往过于乐观地估计产品的未来，他们对未来市场的情况和企业的发展速度估计过高，超出人们的常识范围。投资者对这类企业往往持怀疑态度。历史上确实曾经有过某些企业的发展速度超出人们的常识，如 20 世纪 50 年代兴起的快餐业、70～80 年代兴起的电脑业以及当前正在蓬勃发展的计算机互联网，都有过惊人的发展速度，但同时也伴有惊人的失败。多数投资者带有保守倾向，他们不太乐于投资成长速度估计过高的企业，而实际上多数对自己估计过高的企业都缺少实际的市场调查研究。

(4) 顾客导向过强的产品或服务。如果企业生产的产品或提供的服务顾客群太小，对顾客针对性过强，投资者会认为企业生产成本太高、利润太低而不愿意投资。越是大众化的产品或越是面向大众的服务，越容易获得资金；反之则不易获得资金。

二、创业计划书的书写格式和注意事项

1. 书写格式

创业计划书没有一个固定的格式，不同的企业有不同的书写格式习惯。在创业计划书中只要包括了上面提到的几个组成部分就是一份完整的材料。至于如何区分章节，并没有一个固定不变的模式。

2. 注意事项和语言使用要领

由于投资者时间的限制，创业计划书的语言要反复推敲，所以需要特别注意使用的语言。在撰写时应该遵守以下几个原则：

(1) 言简意赅。为了在有限的篇幅之内把要介绍的东西全部说清楚，一定要注意在写作中讲话不啰唆。

(2) 用词准确。写作时语言要把握得不温不火、恰到好处。

(3) 实事求是。在介绍企业情况时，切忌过分夸张、言过其实。

(4) 篇幅适度。如果用英文书写，创业计划书的主体篇幅一般控制在30～50页的范围。如果用中文书写，一般控制在20～35页最好。过少显得没有分量；过多则显得烦琐。

(5) 注意包装。创业计划书分两个层次的包装。第一，从章节、段落的区分上要层次清晰、主次分明，让投资者能一下子抓住文章的重点，并且有一个清楚的头绪。第二，从外表上要装订整齐，制作精美，让人赏心悦目。

(6) 团队作业。组建一个得力的写作智囊团，这是制定一份好的商业计划书的前提准备。越来越多的事实已经表明，仅仅依靠创业者的个人力量很难做到尽善尽美。因此，在写作商业计划书的过程中，需要有一个拥有各方面专业人才的智囊团来协作完成。寻找有丰富经验的律师、会计师、专业咨询家的帮助是非常必要的。

(7) 针对性强。不同的投资者兴趣不同，应重点不同(对创业计划书的关注重点不同)。在递交创业计划书之前一定要对投资者做一番市场调查，找到与创业最匹配的投资者。

三、口头陈述技巧

商业计划书的口头陈述是与投资人沟通的一个重要环节。因此，在与投资人会面之前，新企业创建者一定要做好充分准备，并严格守时，即陈述内容要以会议预定的陈述时间为限。陈述要流畅通顺，简洁鲜明，切忌堆砌资料。通常要准备好幻灯片，以提高陈述效率和突出重点。一般来说，口头陈述只需使用

10～15 张幻灯片。

口头陈述的关键点以及陈述技巧如下：

(1) 公司。用 1 张幻灯片迅速说明企业概况和目标市场。

(2) 机会(尚待解决的问题和未满足的需求)。这是陈述的核心内容，最好占用 2～3 张幻灯片。

(3) 解决方式。介绍企业将如何解决问题或如何满足需求，这项内容需要 1～2 张幻灯片。

(4) 管理团队优势。用 1～2 张幻灯片简要介绍每个管理者的情况。

(5) 知识产权。用 1 张幻灯片介绍企业已有的或待批准的知识产权。

(6) 产业、目标市场和竞争者。用 2～3 张幻灯片简要介绍企业即将进入的产业、目标市场及直接和间接竞争者，并详细介绍企业如何与目标市场中的现有企业竞争。

(7) 财务。简要陈述财务问题。强调企业何时能赢利，为此需要多少资本，以及何时现金流能够持平。这项内容最好只占 2～3 张幻灯片。

(8) 需求、回购和退出战略。用 1 张幻灯片说明需要的资金数目及设想的退出战略。

口头陈述必须避免如下常见的错误：

(1) 内容繁杂，重点不突出，因准备的幻灯片过多而不得不在规定时间内走马观花地陈述它们。

(2) 口头陈述超过了规定时间而违背了遵守安排的首要原则。注意：如果投资人总共给创业者 1 小时的面谈时间，包括 30 分钟的陈述和 30 分钟问答，那么，口头陈述就不能超过 30 分钟。

(3) 陈述前的准备工作不充分。如果需要视听设备，在投资人没有此类设备的情况下，创业者应事先自行准备，这些应该在面谈前就准备好。

(4) 陈述不通俗易懂，过多使用技术术语。新企业创建者常犯的错误是，花费太多时间纠缠于产品或服务的技术，却没有时间陈述企业自身情况。

(5) 创业者遗忘了一些重要材料。例如，假设创业者拥有令人兴奋的新产品，并已提交了专利申请以阻止其他人生产同类产品。此时，如果投资人问：“你什么时候提交的专利申请？”而创业者回答：“我不记得具体日期了，但应该在去年 1 月或 2 月吧。”那么，这种回答会给投资人留下很差的印象。因为专利是企业保护自身竞争优势的重要因素，创业者应该知道，而且应该很快就能回忆起专利申请的具体日期。

第五章　大学生创业团队的构建

学习目标

通过本章的学习，使大学生了解团队以及创业团队的概念和作用，认识大学生创业团队的特点和类型，掌握大学生创业团队组建的原则以及创业团队组织的影响因素等，通过对成功的大学生创业团队的特征、组建程序及管理的学习，培养大学生组建成功的创业团队的能力。

第一节　大学生创业团队的概念、特点与类型

本节要点

团队的概念与成长阶段；大学生创业团队的概念与作用；大学生创业团队的特点；大学生创业团队的类型。

一、团队的概念与成长阶段

(一) 团队的概念

在我们的周围，团队随处可见。比如篮球比赛，两队各五人，每个人的任务是不一样的，整个球队的表现如何，不仅取决于个人的技能，更取决于成员之间的配合，配合好最终能得到一个令人满意的结果。在企业内部，存在着大量的团队。它是由员工和管理层组成的一个共同体，为了特定目标而按照一定规则结合在一起；它合理利用每一个成员的知识和技能协同工作，解决问题，达到共同的目标。

团队的构成要素可总结为"5P"，分别为目标、人、定位、权限和计划。

(1) 目标(purpose)。团队需要有一个共同的目标，目标是成员分工协作的前提。团队目标把团队成员凝聚在一起，它能够为团队成员导航，有了目标，团队成员才知道要向何处去，没有目标这个团队就没有存在的价值。

(2) 人(people)。团队目标的实现需要把具有不同知识、技能的人整合在一起。而这些人是构成团队最核心的力量，两个及两个以上的人就可以构成团

队。目标是通过人来实现的，在一个团队中需要有人提出想法，有人制订各类计划，有人负责实施，有人来协调不同的人一起工作，还需要有人去监督团队工作的进展，评价团队最终的贡献。不同的人通过分工协作来共同完成团队的目标。

(3) 定位(place)。团队的定位包含两层含义：一是团队在企业组织中的定位，即团队在企业中处于什么位置，由谁选择和决定团队的成员，团队最终应对谁负责，团队采取哪种方式激励下属；二是个体的定位，即成员在团队中扮演什么角色，是制订计划还是具体实施或评估。

(4) 权限(power)。团队的权限涉及组织对于团队的授权范围有多大，它的业务是什么类型，整个团队在组织中拥有什么样的决定权。比方说财务决定权、人事任免权、信息决定权；团队内部的权力结构，权力是比较分散还是相对集中于团队领导人。在管理实践中，团队领导者权力的大小跟团队的发展阶段有关，一般来说，团队越成熟，领导者所拥有的权力相应越小，而在团队发展的初期阶段领导权是相对比较集中的。

(5) 计划(plan)。团队最终目标的实现需要在行动之前制订一系列具体的行动方案，包括目标实现的具体程序、时间节点、任务分配等。只有在计划的指导下，团队才会一步一步地贴近目标，从而最终实现目标。

(二) 团队与群体的区别

团队和群体经常被混为一谈。群体是由两个以上相互作用又相互依赖的个体，为了实现某些特定目标而结合在一起的。群体成员共享信息，做出决策，帮助每个成员更好地担负起自己的责任。团队和群体有着本质的区别，群体可以向团队过渡，但它们之间有着根本性的区别。两者的具体区别可以总结为以下六点：

(1) 领导方面。群体通常具有明确的领导者，团队可能就不一样，尤其是团队发展到成熟阶段后，成员可共享决策权。

(2) 目标方面。群体的目标必须与组织保持一致，但团队中除了这点之外，还可以产生自己的目标，但所产生的目标必须有利于团队的发展。

(3) 协作方面。协作性是群体和团队最根本的差异。群体的协作性可能是中等程度的，有时成员还可能有消极情绪，有些会产生对立，但团队中的协作一定是一种齐心协力的。

(4) 责任方面。群体的领导者要负很大责任，而团队中除了领导者要负责之外，每一个团队的成员也要负责，甚至要一起相互支持，共同负责。

(5) 技能方面。群体成员的技能可能是不同的，也可能是相同的，而团队成员的技能是相互补充的，把不同知识、技能和经验的人综合在一起，形成角色互补，从而达到整个团队的有效组合。

(6) 结果方面。群体的绩效是每一个个体的绩效相加之和，团队的结果或绩效是由所有成员共同合作完成的结果。

(三) 团队的成长阶段

根据士气和生产力可以将团队分成四个阶段，即成立期、动荡期、稳定期和高产期。所有四个阶段都是必需的、不可逾越的。团队在成长、迎接挑战、处理问题、发现方案、规划及处置结果等一系列经历过程中必然要经过这四个阶段。认识这四个阶段，可以为大学生创业团队发展提供阶段性的指导，如图 5-1 所示。

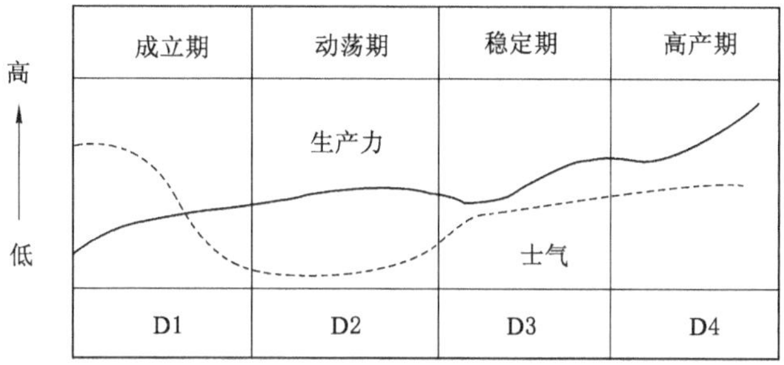

图 5-1　团队的阶段

1. 成立期

成立期一般为 1～3 个月。团队成立初期，都会有自己的使命认知、战略目标和愿景规划。随着团队的发展，成员逐渐壮大起来，团队组织者的目标与实际运行情况之间可能存在较大的差异，战略与计划制订所依据的环境因素也可能发生较大的变化，这使得团队不得不根据实际需要调整自己的战略目标与实施计划。不同类型的团队面临不同的调整压力，处于组织内部的基层团队，来自外部的干扰相对较少。而对于创业型团队来说，团队成立期的不确定性，会在相当程度上增加团队面临的调整压力和团队领导者驾驭团队的难度。了解团队成立期的特征，有利于帮助团队规避创业风险。团队成立期的特征如下：

(1) 从团队成员之间的合作关系上看，在成立期，团队成员之间缺乏充分了解，相互了解的意愿较强。随着相关培训和工作的开展，团队成员间的积极沟通会逐渐得到改善。

(2) 从成员心态上看，新的合作、新的团队、新的目标令团队的每一个成员既兴奋又激动，对新的工作也充满了激情，表现出很高的士气。对成员来说，能成为团队中一员，必然具备相关的知识、行业经验，即使是不具备实操能力的初入行者，在加入团队之时也具有基本的入行基础和入行动机。来自领导者和其他团队成员的乐观和自信会深深地影响每一个人，这一切都会大大增强团队成员学习的动力和进步的愿望。

(3) 从团队整体绩效表现上看，这个时期，新生的团队生产力处于较低水平，团队成员之间在工作上短期内无法达到配合默契的状态，需要尽快地适应新的环境。就成立初期来说，较低的生产力水平应该属于常态。而经常被忽视的一点是，来自组织上层的一些深层原因还是会制约团队成员工作能力的充分发挥。

(4) 对于团队领导者来说，成立期最重要的任务就是明确团队的目标和愿景。这对增强团队凝聚力以及形成团队的集体荣誉感至关重要。团队领导者在这个阶段要积极与成员沟通团队目标、愿景，充分展现出必胜的信心。在工作上，要根据实现团队目标的需要，合理分工，要明确各成员的权、责、利关系。在处理与成员的关系时，对新成员要积极关心，帮助他们共同进步、共同提高。要利用各种机会，对团队做出的成绩及时肯定，表扬团队出现的好现象。督促每一个团队成员尽快进入紧张有序的工作状态，鼓舞团队的士气，和团队一起面对困难，寻找方法，使团队成员产生一种情感依赖，但是尽量不能颐指气使。团队领导者的威信往往是在与成员同艰苦、共患难中逐步建立的。如果团队成员在这个阶段选择离开，多数情况下属于观念冲突，挽回的可能性非常小。顺利地渡过成立期，需要团队内部成员之间坦诚的沟通，彼此尊重，才能为接下来进入实质性的团队合作打好基础。

2. *动荡期*

磨合时期的动荡是每一个团队都要经历的特殊时期。随着时间的推移，一系列的问题开始暴露出来，团队士气低落，团队成员之间慢慢地发现每个成员身上所隐藏的缺点，慢慢会看到团队当中一些不尽如人意的地方，比如团队的领导者朝令夕改，团队成员的培训进度落后，刚开始的承诺没有兑现。

团队对于团队的目标也开始了怀疑，当初领导者很有信心地要达成某个目标，但经过一两个月的检验，基本上是高不可攀的。人际关系方面，冲突开始加剧，人际关系变得紧张，成员与成员之间从一开始的彬彬有礼、互相尊重变成了互相猜疑、对峙、不满，成员开始把这些问题归结到领导者身上，对领导权产生不满，尤其在问题出现的时候，个别有野心的成员甚至会挑战领导者。

这个阶段团队成员更多的是把自己的注意力和焦点放在人际关系上，无暇顾及工作目标，生产力在这个时候遭到持续性的打击。

能否进行有效的磨合，并顺利地渡过这段敏感的时期，对团队领导者以及团队领袖的综合能力是一个艰巨的考验。团队领导者在这个敏感的时期，要注意以下几点：

（1）密切注意团队进步情况，每天利用一切机会与每一个团队成员充分沟通实际工作中遇到的具体问题，帮助团队成员分析问题并提供解决方案。

（2）建立标准的工作规范并身体力行，这是统筹团队各项工作的关键。

（3）积极寻求解决问题的方法，抓住一切机会鼓舞团队士气，争取以自己在工作上的突破为团队树立榜样。

（4）善于树立典范，对于取得突出成绩的团队成员要尽可能为其争取荣誉，号召其他团队成员向优秀者学习。团队领导者的任务是促使团队成为一个学习型的组织，同时适时协调成员之间的冲突，利用合适的机会跟成员谈人生、谈理想、谈团队的愿景、谈对工作的信心，在共同解决具体问题的过程中逐渐建立成员之间情同手足的感情。团队磨合期一般持续 2～6 个月左右，能坚持走过这个时期的团队成员，将会成长为团队的中坚力量。在这个时期选择离开的人，多数是由于不适应工作，在强大的工作压力下身心俱疲，因而选择退出。

3. 稳定期

度过了动荡期，团队就进入了稳定期，在这个时期团队成员基本上稳定了，成员也具备了一定的工作能力，开始创造效益。成员之间以标准的流程投入工作，分配资源，团队内部无私地分享各种观点和各类信息，团队荣誉感很强。

在稳定期，团队的士气高涨，即使面对极富挑战性的工作也会表现出很强的自信心，如果团队个人不足以独立完成工作，会自然地寻求合适的团队成员配合，甚至会在特殊的情况下自我激发潜能，超水平发挥，取得意想不到的成功。在稳定期，每一个成员都会表现出很强的主观能动性，这样的状态使生产力水平也进入巅峰时期。成员对于工作中取得的突破已没有了当初的激动，每个人都能以平和的心态面对成败。在紧张有序的工作环境中，处处都表现出一个高绩效团队的成熟魅力。一个具有强烈凝聚力的团队，也必然会表现出强烈的排他性，团队交流很容易限于一个私密的空间。这个特点也决定了团队规模不宜过大，否则会因为成员之间的隔阂而损害团队的整体战斗力。在一个规模合适的团队里，成员相互了解、彼此信任，如果需要，每一个成员都会全力捍卫团队荣誉。

稳定期一般为 3～10 个月，甚至更长。团队领导者应该尽可能使该阶段保持更长的时间，因为这个时期的团队无疑是最有战斗力的高效团队，是战无不胜的团队。如果引导得当，不但可以用最小的投入为团队取得最大的效益，而且可以为团队的持续发展提供宝贵的中层执行人才。如果有成员在这个时期选择退出，团队领导有责任全力挽留。实在挽留不住也要为其准备送别宴会，增强感情沟通，因为今天的普通成员，很可能就是将来的行业精英，今后无论其选择在哪个企业，甚至去往哪个国家，相互的沟通都将是一笔宝贵的财富，对组织的永续发展往往有意想不到的贡献。

4. 高产期

高产期可以说是团队的黄金时期，这个时候，团队成员能够胜任自己的工作，团队的士气空前高昂，团队成员对团队的未来充满了信心。团队成员关系和谐，团队成员的能力也达到期望。团队成员能为领导分担工作，团队出现巅峰的表现。

这一阶段领导者看到企业欣欣向荣的景象，可能会出现骄傲自满的情绪，认为团队已经很好了，没有任何问题了。企业生命的周期有高潮，也有低谷，过于迷信自己的成就，接下来可能会跌得很惨。这时候，团队领导者与团队成员需要共同研究制定更高、更具挑战性的目标，使团队成员能够看到新的希望，感觉有奔头。

团队领导者在处理与成员之间的关系时，应设法留住优秀的成员，帮助制订个人发展计划，鼓励成员发展，对成员工作成绩给予积极肯定，兑现承诺，及时发现“高产期”表面下的矛盾与问题。

二、大学生创业团队的概念与作用

在创业过程中，大学生创业团队是以开创企业或新事业为核心的。他们在创业阶段处于高层管理职位，对企业拥有一定的所有权，对新创企业有较高的共同承诺，共同承担发展任务、结果和责任。因此，大学生创业团队是指由两个或两个以上的大学生构成共同组建形成的工作群体或社会活动单位，这些大学生之间具有一定的利益关系，彼此间通过分享认知和合作行动，共同承担创建新企业的责任，在新创建企业中处于高层主管位置。

在大学生创业过程中，团队创业具有个体创业所没有的优越性，这种优越性来自创业组合的力量。

(1) 在创业过程中，大学生团队的组建为创业活动提供了关键的人力资源。在创业时期的企业由于前景不明，资源紧张，往往无力承担聘请高素质人才所需要的费用，而且即使花费巨资也无法让这些人才真正与企业风险共担。团队创业时，创业团队往往是由志向相同、技能互补的人构成的，能较好地解决关键人力资源的需求问题。

(2) 大学生创业团队的建立能增强创业活动中应付风险的物质和精神力

量。开展创业活动的大学生，往往要面临来自各方面的压力，精神上比较紧张、焦虑。而通过寻找合适的合伙人，搭建创业团队，通过团队内部的交流沟通，有助于减轻创业的精神压力。同时创业团队中不同创业者的知识结构和能力的结合有助于降低创业的风险，增强创业团队应付风险的物质力量，通常能够在最适当的时候解决一些关键性的问题和障碍。

三、大学生创业团队的特点

大学生作为一个典型的特殊群体，其受教育水平相对较高，拥有专业化的知识和技能，容易接受新生事物并受其影响，且自我实现意愿较强，加之现在政府和高校对自主创业的大力提倡以及国家在大学生创业政策上的大力支持，使得越来越多的大学生选择自主创业。然而由于个人专业、能力、社会资源和资金等的限制，大学生很难凭一己之力创立新的企业，因此团队式创业模式越来越受到大学生的青睐，成为大学生自主创业的主要模式之一。

大学生创业团队相对于一般的创业团队，有其鲜明的特点，如表 5-1 所列。

表 5-1　　大学生创业团队的特点

序号	大学生创业团队的优势	大学生创业团队的劣势
1	团队成员思维活跃，精力充沛、激情澎湃	团队成员承受挫折的能力较差，情绪较易波动
2	团队成员整体素质较高，具有较强的专业基础知识和技能	团队成员缺乏创业的实践经验，处事能力较弱，可供利用的资源有限
3	团队组建相对迅速，成员之间容易交流	团队稳定性较差
4	团队创业项目以高新科技为主	项目被抄袭的可能性较大

大学生创业团队的优势可以归纳为：

（1）团队成员以大学生为主，成员思维活跃，精力充沛，想象力丰富，对创业具有极大的热情，创新意识和能力较强。

（2）团队成员整体素质较高，具有较强的专业基础知识和技能，如从事本专业或与之相关的创业活动成功的概率较高。

（3）团队成员所属群体单一，组建团队迅速，成员之间较易进行交流沟通。

（4）团队创业项目选择以高新科技类项目为主，辅以服务类项目。

然而，大学生毕竟处于相对封闭的大学校园内，接受的是书本知识而非实践技能，因此大学生创业团队在创业过程中，由于其社会经验、人生阅历等方面的限制，会使得他们普遍缺乏概念技能，不能很精准地把握市场的变化，也很难适应社会激烈的斗争。除此之外，资金问题也是大学生创业的首要问题，虽然政府出台了很多政策鼓励大学生创业,但是大学生创建企业往往融资困难,流动资金紧张,大学生往往对于企业财务概念很模糊,也会导致企业财务管理混乱。大学生创业团队要想获得成功也面临着很大的考验。大学生创业团队的劣势可以归纳为:

(1) 团队成员生活方式相对单一,生活阅历较浅,承受挫折的能力较差。由于大学生从小到大以学习为主,虽然也有各种各样的社会实践活动,但整体来说,大学生生活方式相对单一,生活经验不足,年轻气盛,心高气傲,可供选择的机会较多,遇到挫折,反而容易放弃,缺乏毅力。

(2) 团队成员缺乏创业的实践经验,处事能力较弱,可供利用的资源有限。由于大学生并未真正进入社会,与社会接触相对较少,可供利用的资源有限。加之经验的限制使得大学生无法正确地评估市场和机会,要么对市场的判断过于乐观,要么过低地判断自己对市场的把握能力,从而错失机会。

(3) 大学生创业团队的稳定性较差。大学生对社会的认知不够,缺乏经验,处理事情较理想化。一旦理想与现实发生碰撞,由于大学生自身社会经验的限制,使得大学生创业团队在创业行为开始之前考虑不够周全,没有明确职责和利润分配等问题,在创业过程中可能会产生争议和纠纷。而大学生处理类似问题的能力相对较弱,因此也会导致创业团队不欢而散。

(4) 大学生创业项目中,真正的高精尖项目较小,多数是有一定技术含量的和社会服务性质的项目。这类项目很难对其他人员保密,较易被复制。

四、大学生创业团队的类型

大学生创业团队的形式有很多种,可以按照不同的标准对其进行分类。大学生在创业时,可以根据不同的团队类型,选取适宜的管理方法。按照是否存在核心人物划分,可将大学生创业团队分为凝聚型创业团队和松散型创业团队。按照创业团队组建时是否有创业项目,可将大学生创业团队划分为项目型创业团队和情感型创业团队。

(一) 按照是否存在核心人物进行创业团队的划分

按照大学生创业团队中是否有核心人物存在,可将创业团队划分为凝聚型大学生创业团队和松散型大学生创业团队。其中凝聚型大学生创业团队中都有一个或少数核心人物(精神领袖)存在。而松散型大学生创业团队中没有核心人物,没有有显著影响力的领导者。

1. 凝聚型大学生创业团队

凝聚型大学生创业团队在创业团队中有一个或少数几个核心领导人物,他们在团队中占据主导地位,拥有较强的权威和较大的决策权。这种创业团队的组建，一般由一人或少数几人发现创业项目或者有创业机会，经过深思熟虑的筹备，然后根据自己对创业的需要以及对团队成员的要求，寻找创业合作伙伴，以自己或少数人为核心，组建创业团队。如创业界比较有名的腾讯五虎将、新东方三驾马车、携程四君子、复旦五虎。

相对来说，凝聚型大学生创业团队稳定性较好。团队的组建是经过核心人物精心筹划和考虑的，团队成员也是精心挑选出来的。在组建团队之前，核心人物就会对成员的能力、个性、技能、专业等有较好的了解和把握，同时也会对于个人职能分配和今后的利益分配有较为清晰的认识。此类团队既能保证团队成员的能力和素质，又能适当避免争议和纠纷，因此创业团队具有较强的稳定性。

这类团队权力相对集中，决策程序相对简单，组织效率较高。因为此类创业团队权力基本集中在核心人物或核心团队身上，在做决策时核心人物拥有很大的话语权，部分甚至大部分的决策将由核心人物或核心团队做出，其他人更多的时候是支持者角色。

然而，凝聚型创业团队也存在一些劣势，其缺点在于：

（1）容易使团队成员之间发生冲突。如果大学生创业团队存在多个核心人物，在小有成绩之后，核心人物之间容易产生冲突。同时由于核心人物往往拥有绝对的权力，当核心人物与非核心团队成员之间意见不合时，核心人物的特殊权力和权威会扩大矛盾，甚至会使冲突升级，破坏团结，对组织的发展造成很大的负面影响。

（2）决策权过于集中，一旦核心人物判断和理解失误，会大大增加决策失误的风险。此类创业团队决策的确定很大程度上取决于核心人物对市场和商机的判断，其他成员在此过程中起辅助作用，对最终决策的确定影响较小。因此核心人物个人的决策失误会影响整个团队的成长和发展。

2. 松散型大学生创业团队

松散型大学生创业团队是由一群志同道合的、有共同创业意愿的大学生，为实现共同的创业目标而组建的正式或非正式组织。此类创业团队的成员在知识、经验、学历、兴趣爱好、志向上大都相同，都有创业的拼搏精神或者都认可某个创业项目。在达成共识之后，组建团队共同创业。在此团队中成员地位平等，没有明确的核心人物或领导人物，根据各自的专长和特点自发定位组织角色，成员间只有单纯的合作关系。

松散型创业团队的优点在于：

（1）团队成员志同道合，关系密切，便于组织内部交流与沟通，容易达成共识，团队凝聚力也较强。

(2) 团队成员地位平等，群力群策，群体决策，决策权掌握在所有或者大部分成员手中，决策是在大家深思熟虑和深度讨论后做出的，降低了创业决策的风险。

(3) 团队成员发生冲突时，会积极地沟通协商、和平解决，团员离队的可能性低。

松散型创业团队的缺点在于：

(1) 缺乏明确的核心人物，组织结构较为松散，容易形成多头领导的局面。

(2) 集体决策在一定程度上会降低决策风险，但也会增加决策的时间，尤其在争执不下的时候，由于缺乏核心领导人物，成员之间会花费更多的时间讨论、协调，从而降低了组织效率。

(二) 按照团队组建时是否有创业项目进行划分

大学生创业团队按照在成立之初是否有创业项目，可将团队划分为项目型大学生创业团队和意向型大学生创业团队。项目型创业团队是在特定创业项目的基础上组建的，团队目的明确。而意向型创业团队是基于共同的创业意向，以某种情感(友情、亲情、同学情等)为纽带而组建的团队。团队组建伊始，并没有明确的创业项目。

1. 项目型大学生创业团队

项目型大学生创业团队是项目驱动型的，在选择创业成员时，主要依据项目实施所需要的资源、能力、个人知识及相关技能。因此团队具有较强的专业性和战斗力。具体来说，项目型大学生创业团队的优点在于：

(1) 创业团队有一致的目标，凝聚力较强，创业成功的可能性高。创业项目一旦确定，创业团队就有了明确的创业方向，在未来利益的驱使下，成员均具有较高的创业热情和实现目标的动力，所有人的行为均围绕着既定的创业项目，以为了更好、更快地将创业项目转化为创业行动。

(2) 资源配置与组织效率高。在项目驱动下，团队能较快地进行资源配置与组织分工。

(3) 团队稳定性强。项目驱动下的创业团队，一般不会出现成员因性格和兴趣冲突而导致团队解散的情况。

项目型大学生创业团队的问题，主要来自项目本身以及团队能力与项目开发需要的匹配性。创业项目的选择一定要非常慎重，有可行性，也要根据自身的实际情况进行决策。如果创业项目选得不切实际，以大学生的力量根本无法实现，创业一旦失败将对创业团队造成很大的打击，甚至解散。而创业项目选得过于保守，将会造成人员的冗余和资源浪费。

2. 意向型大学生创业团队

意向型大学生创业团队的组建是创业意向驱动的，并没有明确的创业项目。在团队组建后一起寻找商机和项目，再经过所有人的商定后做出决策，决定创业方向。简单而言，就是先有创业团队再有创业项目。在实际生活中，意向型大学生创业团队的数量要多于项目型大学生创业团队。意向型大学生创业团队的优势在于：

(1) 团队成员地位平等，在寻找、实施创业项目时群策群力，决策往往更加科学和理性，能降低创业决策的风险。

(2) 团队成员志同道合，彼此相互了解，凝聚力强。创业团队是由成员自发组成的，成员之间相互了解，志趣相投，能把个人的利益和团队利益结合在一起，为了实现创业愿景，能较好地相互协调和配合。

意向型大学生创业团队的劣势在于：没有明确的创业方向，若长时间没有找到合适的创业项目或是团队内部争议较大，就会打击团队成员创业的热情和自信，使得创业团队很容易中途放弃而解散。

第二节　大学生创业团队的组建

本节要点

影响大学生创业团队组建的主要因素；大学生创业团队的组建程序及主要工作；大学生创业团队成员的选择。

一、影响大学生创业团队组建的主要因素

大学生创业团队的组建受多种因素的影响，这些因素相互作用、共同影响着组建过程并进一步影响着创业团队建成后的运行效率。具体来说，包括以下五个因素：

1. 大学生创业者思想意识与能力

大学生创业者的思想意识与能力从根本上决定了是否要组建创业团队、团队的规模、成员的构成和组建时间。创业者只有意识到组建团队可以弥补自身能力的不足，才有可能考虑是否需要组建创业团队，以及对什么时候需要引进什么样的人员才能和自己形成互补做出准确判断。

2. 创业机会

在变幻莫测的市场大环境中，创业机会不是一成不变的，能否抓住创业机会

直接关系企业的生死存亡。创业机会的特征影响创业团队组建的时间与进程。当大学生创业面临的市场机会持续性很差时，创业团队的组建进程必须加快，否则很容易贻误时机。创业机会的特征也影响到创业团队的结构构成及规模大小。创业机会的市场前景越大，创业团队需要的知识、技能就越多，团队的规模就越大。

3. 团队目标与价值观

共同的价值观、统一的目标是组建创业团队的前提。团队成员若不认可团队目标，就不可能全心全意为实现此目标而与其他团队成员相互合作、共同奋斗。而不同的价值观将直接导致团队成员在创业过程中脱离团队，进而削弱创业团队作用的发挥。没有一致的目标和共同的价值观，创业团队即使组建起来，也无法有效发挥协同作用，缺乏战斗力。

4. 团队成员

团队成员能力的总和决定了创业团队的整体能力和发展潜力。创业团队成员的才能互补是组建创业团队的必要条件，而团队成员间的互信是形成团队的基础。互信的缺乏将直接导致团队成员间协作障碍的出现。

5. 外部环境

创业团队的生存和发展直接受到制度性环境、基础设施服务、经济环境、社会环境、市场环境、资源环境等多种外部环境要素的影响。这些外部环境要素从宏观上间接地影响着对创业团队组建类型的需求。

二、大学生创业团队的组建程序及主要工作

创业团队的组建是一个相当复杂的过程，不同类型的创业项目所需的团队不一样，创建步骤也不完全相同。企业创业团队组建的程序如图 5-2 所示。

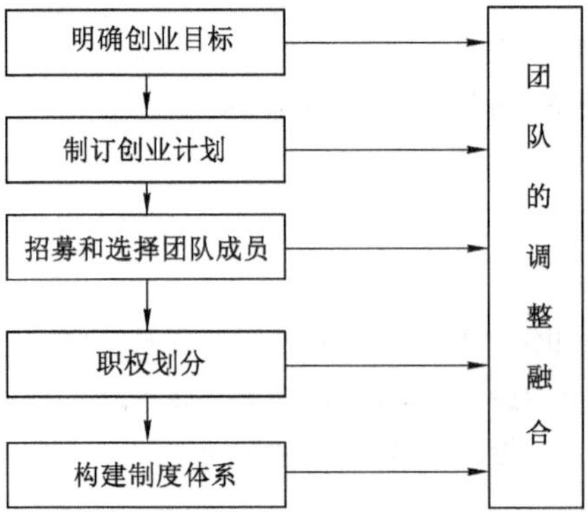

图 5-2 创业团队的组建程序

1. 明确创业目标

创业团队的总目标就是通过完成创业阶段的技术、市场、规划、组织、管理等各项工作，实现企业从无到有、从起步到成熟。总目标确定后，为了推动团队最终实现创业目标，需要将总目标加以分解，设定若干可行的、阶段性的子目标。

2. 制订创业计划

在确定了一个个阶段性子目标以及总目标之后，紧接着就是要研究如何实现这些目标，需要制订周密的创业计划。创业计划是在对创业目标进行具体分解基础上以团队为整体来考虑的计划，创业计划确定了在不同的创业阶段需要完成的阶段性任务，通过逐步实现这些阶段性目标来最终实现创业目标。

3. 招募和选择合适的团队成员

招募和选择合适的团队成员是创业团队组建最关键的一步。关于创业团队成员的招募，主要应考虑两个方面。一是考虑互补性，即考虑其能否与其他成员在能力或技术上形成互补。这种互补性的形成既有助于强化团队成员间彼此的合作，又能保证整个团队的战斗力，更好地发挥团队的作用。一般而言，创业团队至少需要管理、技术和营销三个方面的人才。只有这三个方面的人才形成良好的沟通协作关系后，创业团队才可能实现稳定、高效工作。二是考虑适度规模，适度的团队规模是保证团队高效运转的重要条件。团队成员太少则无法实现团队的功能和优势，而过多又可能会产生交流障碍，团队很可能会分裂成许多较小的团体，进而大大削弱团队的凝聚力。一般认为，创业团队的规模控制在2～12人之间为最佳。

4. 职权划分

为了保证团队成员执行创业计划、顺利开展各项工作，必须预先在团队内部进行职权的划分。创业团队的职权划分就是根据执行创业计划的需要，具体确定每个团队成员所要担负的职责以及对应的权限。团队成员间职权的划分必须明确，既要避免职权的重叠和交叉，又要避免无人承担造成工作上的疏漏。此外，由于还处于创业过程中，面临的创业环境又是动态复杂的，会不断出现新的问题，团队成员可能会不断出现更换，因此创业团队成员的职权也应根据需要不断地进行调整。

5. 构建制度体系

团队创业的成功率并不比个人创业高，其主要原因有两点：一是团队失败于决策分歧，其根源在于缺乏健全的决策机制；二是团队困于利益冲突。大学生创业团队在组建之初就应该解决好决策机制和利益分配的问题。健全的约束机制和激励机制是解决此类问题的根本保障。一方面，团队通过各种约束制度（主要包括纪律条例、组织条例、财务条例、保密条例等)指导其成员避免做出不利于团队发展的行为,实现对其行为进行有效的约束,保证团队的稳定秩序。另一方面,创业团队要实现高效运作必须制定有效的激励机制(主要包括决策机制、利益分配方案、奖惩制度、考核标准、激励措施等),使团队成员看到随着创业目标的实现,其自身利益将会得到怎样的改变,从而达到充分调动成员积极性、最大限度发挥团队成员作用的目的。要实现有效的激励,首先必须把成员的收益模式界定清楚,尤其是关于股权、权责、奖惩等与团队成员利益密切相关的事宜。需要注意的是,创业团队的制度体系应以规范化的书面形式确定下来,以免带来不必要的混乱。

6. 团队的调整融合

完美组合的创业团队并非是在创业一开始就能建立起来的,很多时候是在企业创立一定时间以后随着企业的发展逐步形成的。随着团队的运作,团队组建时在人员匹配、制度设计、职权划分等方面的不合理之处会逐渐暴露出来,这时就需要对团队进行调整融合。由于问题的暴露需要一个过程,因此团队调整融合也应是一个动态持续的过程。在完成了前面的工作步骤之后,团队调整融合工作专门针对运行中出现的问题,不断地对前面的步骤进行调整直至满足实践需要为止。在进行团队调整融合的过程中,最为重要的是要保证团队成员间经常进行有效的沟通与协调,培养强化团队精神,提升团队士气。这里需要注意的是,上述组建过程并不是一个完全严格的顺序过程,即创业团队有时并不是严格按照此顺序一步一步地进行组建的。事实上,很多创业团队的组建过程没有明确的步骤划分界限,如制度体系构建、团队的调整融合可能是贯穿于企业发展的整个过程之中。大学生在组建创业团队时应在上述基本原则的指导下,根据实际情况灵活安排。

三、大学生创业团队成员的选择

大学生在选择团队成员时,首先要本着志同道合的原则,宁缺毋滥。所谓志同道合是指团队成员要有一个共同的目标。志同道合的团队在目标的实现过程中,能产生合力。如果把目标不同的人,或只考虑个体利益的人吸收到团队中来,会增加团队内耗,降低团队凝聚力。其次,创业团队成员要优势互补,性格和能力多元化。组建团队的时候,千万不要想着找全能型人才,希望自己的员工什么都会。一个好的团队,应该和唐僧师徒一样,性格不同,各有所长。创业者们之间需要了解彼此的优势和劣势,扬长避短,优势互补,在创业中充分发挥每个人的优势,达到 1+1>2 的效果,从而实现整个组织所拥有的技能、知识、资源等最大化,使创建的企业能够更快地步入正轨并稳步发展。

在选择团队成员时，除了要考虑以上两点外，所选成员应具有以下一些基本的个性特征：

1. 凝聚力

团队是一体的，成败是整体的而非个人的。成员能够同甘共苦，经营成果能够公开且合理地分享，团队就会形成强大的凝聚力与一体感。每一位成员都应将团队利益置于个人利益之上，并且充分认识到个人利益是建立在团队利益的基础上的，团队中任何成员都不可能离开团队的整体利益而单独获益。团队成员愿意牺牲短期利益来换取长期的成功果实，而不计较短期薪资。

2. 创业激情

在创业团队组建时，需要特别注意的是一定要选择对项目有热情的成员加入团队，并且要使所有成员在企业初创时就要有每天长时间工作的准备。任何人不管他的专业水平多么高，如果对事业的信心不足，都将无法适应创业的需求，而这样一种消极的因素，对创业团队所有成员产生的负面影响可能是致命的。创业初期，整个团队可能需要每天 16 h 不停地工作，并在高负荷的压力下仍能保持创业的激情。

3. 相互信任

在创业过程中，不可避免地会发生矛盾和冲突，而互信会帮助创业团队避免不必要的任务和程序冲突。信任是一种非常脆弱的心理状态，一旦产生裂痕就很难缝合，要消除不信任及其带来的影响往往要付出巨大的代价，所以防止不信任比增强信任更加重要。一般来说，创业者在选择创业伙伴时要主要考察对方的人品和能力。相对于能力而言，人品更加重要，它是人们交往和合作的基础，也是决定一个人是否值得信任的前提。在创业团队中人们注重的人品主要有成员是否诚信以及成员的行为和动机是否带有很强的私心。另外，团队成员要对集体忠诚，彼此以诚相待、公平相处，在误会和猜疑产生时应及时沟通，避免越积越多而不可收拾。

4. 合作精神

成功的企业最显著的特点是拥有一支能够整体协同配合的团队，而不仅仅是培养一两个杰出的人物。团队成员注重互相配合，减轻他人的工作负担并提高整体的效率。通常在创业初期，团队成员大多能够齐心协力，精诚团结，为企业的发展贡献自己的力量。但随着企业的发展，各种矛盾、难题不断出现，在处理这些问题时团队成员自然有不同的观点，这就要求团队成员学会有效沟通，这样才能统一思想，拧成一股绳。

第三节　大学生创业团队的管理

本节要点

大学生创业团队的决策机制建设；利益分配；冲突管理；大学生创业团队的制度建设；大学生创业团队的知识结构建设。

据统计，大学生创业失利的一个主要原因出在团队建设和管理上。新一代大学生容易以自我为中心，形成一支具有凝聚力、战斗力的创业团队就显得更为困难。大学生创业团队需要规范化的管理。在团队创建之初要制定好相应的规章制度，明确今后的利益关系和分配原则。大学生创业团队的形成大都以情感为纽带，但是管理一个团队仅仅依靠友情是不够的，还需要理性的和有约束性的规章制度作为共同创业的行为准则，加强内部协调与沟通，才不至于在企业发展过程中产生不必要的争议和纠纷而损害整个创业团队的利益。

一、大学生创业团队的决策机制建设

大学生创业的决策机制是指决策系统的各要素及其之间的相互关系和内在机能，它客观地反映着决策机体的运动变化规律，并决定着大学生创业团队决策行为的有效性程度。大学生创业团队的决策机制在经营机制中处于主要地位，它不仅是设计其他机制的基础，而且又贯穿于其他各机制运行的始终。健全的决策机制是有效决策的必要条件，其衡量标准就是看其是否与决策的运行规律相符。

具体来说，大学生创业团队的决策机制建设包括确立决策的权力结构、明确责权利关系和健全决策的组织保证体系。

1. 确立决策的权力结构

大学生创业团队在进行决策机制建设时，首先应当明确创业企业内部的权力关系。其内容有两个方面：一方面要确立决策主体，它是企业决策机制的中心环节，是企业能否良性运作的关键条件。创业企业的决策分布于一个从简单到复杂的连续频谱，所涉及的领域也极其广泛，为增加决策的有效性，必须明确规定各种决策由谁为主体。另一方面是权力均衡或称权力分散化，以保证决策的民主性。权力过分集中既违背管理幅度原则，又不利于广大成员积极性、创造性的发挥。

对于大学生创业企业来说，决策主体是大学生创业团队重大决策的主要制订者。决策主体进行决策的客观条件必须是具有职位、职责、职权。决策者的智力因素、情感因素、意志因素和个性因素直接影响大学生创业团队决策的质量和创业的效率和效果。

智力因素是决定决策者正确决策并取得成功的决定性因素。一般意义上的智力是指观察力、记忆力、思维能力、想象能力等综合能力。它是考验一个人是否能完成指定任务的首要条件。其中，观察力是领导做出科学决策的前提条件，它是一种自觉地把握事物现象和特征的能力；记忆力是决策者对所经历过的事物在头脑中的反映，是人脑积累经验的功能表现，记忆的准确性和持久性是影响决策者决策速度和质量的重要因素；思维能力、想象能力则是决策者在感知的基础上，对信息进行分析、综合、推理和判断的能力表现，它自始至终贯穿于整个决策过程。

情感因素包括决策者的道德观念、理智程度和责任感。情感因素对领导者决策既可以起增力作用，也可以起减力作用。巴纳德认为，道德和责任心是同刺激、权威、决策等密切相关的。优秀的领导者必须具备高尚的道德观念、理智的态度和高度的责任感，必须在复杂多变的环境面前，始终保持清醒的头脑，坚守道德原则，做出清楚的判断和及时的正确决策。

意志因素是指决策者自觉地确定目标，采取行动，并能够克服一切困难坚持到底的一种心理表现和过程。意志因素主要包括：

① 自觉性，指决策者在对其行动的目的及意义进行全面分析和深入了解后，能够主动支配自己和团队的行动，使之符合该目的的能力；

② 耐压性，是指决策者对超常的心理压力的承受能力；

③ 决断力与执行力，是指决策者能够审时度势，及时做出正确抉择，并贯彻执行的行为表现；

④ 自我控制能力，是指决策者运用理智来控制和调整自己情绪和行为的能力。

个性指的是一个人的精神面貌，即一个人的基本倾向和稳定的心理特征的综合。不同的个性特征决定了不同的领导和决策风格。如新东方的创始人俞敏洪性情谦逊温和，柔韧宽容。这种特征在新东方实行组织结构改革时，就容易被别人视为“软弱”、“和稀泥”。这种不够果断的性格确实导致新东方在战略转型的关键时期出现了一些不好的结果。但是，俞敏洪这种宽容的风度和境界，也使他在矛盾纠纷中有转圜退让的余地，能化干戈为玉帛。

大学生创业团队的决策主体可分成两类：一是决策主体为个人，凡最后由一个人作出决策的，个人在决策中起决定性作用的，决策主体为个人；二是决策主体为集体，凡是由创业团队核心成员或部分专家组成的集体（有时是全体创业企业成员），在决策中起主导作用的，决策主体为集体，也称决策集团。

个体决策和集体决策各有优劣。集体决策领导型的优点是能够集思广益，提高决策的正确性，尽量避免或少出纰漏，防止个人专断；集体决策领导型的局限性主要是效率低下，因为集体决策需要进行多方面沟通，协调彼此意见，这需要花费很长的时间，可能贻误决策的最佳时机。个体决策的优点在于其高效性、及时性、灵活性和集中统一性，缺点在于决策和领导受决策者个人素质的影响，带有太强的主观性，往往容易导致决策者和领导者的专横行为，甚至滋生腐败和官僚作风。

2. 明确决策的责权利关系

决策者的行为由利益推动，由责任约束，由权力保证。为了保证决策行为合理化，要建立起与权力结构相适应的利益结构，正确处理责权利关系。《中国青年报》曾报道过一个案例，讲的是青岛大学的三位好友合伙创办“三人行体验店”销售品牌保暖内衣的事情。由于项目选择恰当，开张一个多月后就开始有赢利。但由于创业团队最初没有明确核心领导权，随后在经营思路上的分歧以及协调分工的失误逐渐凸显，结果团队裂痕变得不可弥补，寒假后只好把红火一时的店铺草草转手，还亏了 2 000 多元。

3. 健全组织保证体系

决策主体要行使其职能，除了要有权力保证以外，还要依托组织保证，如智囊团、决策中心、信息系统等保证，为决策者出谋划策，做好方案评估、方案论证和决策宣传，提供及时、准确、适用的信息支援等。

二、利益分配

利益分配无论对于大学生创业团队，还是与团队相关的投资者而言，都是非常敏感的因素。利益分配的方式影响创业团队成员创业的激情和企业持续发展的后期投入，因此，创业团队在进行团队管理时，要对创业利益进行合理分配。大学生创业团队的利益分配包括大学生创业团队成员内部，团队与投资者，团队与国家之间的分配。

大学生创业团队利益分配，主要体现在工资待遇、税金与利润分红的结构上。工资待遇是支付给创业企业员工和顾问的，反映了大学生创业团队成员对于大学生创业活动的贡献大小和投资人对于创业成员贡献的认可程度。税收、利息、工商管理等费用的支出，它可以反映国家对于大学生创业的支持力度，同时与大学生创业团队的政策环境密切相关。利润分红反映了大学生创业团队成员、投资人在创业企业内的股权结构。

利益分配最核心的问题就是股权架构的安排问题。在大学生创业企业发展的每一个阶段，创业团队都会面临公司股权架构的设计问题。在创业团队组建初期，往往会面临合伙人的股权架构设计问题；在公司早期进行天使资金融资时，会面临股权架构重新设计的问题；在对管理人员与重要技术人员进行股权奖励时又会再次面临股权架构设计问题；公司加速发展，引入A轮、B轮、C轮投资人等；在IPO时，又会面临股权架构设计问题。

大学生创业团队在进行股权结构安排时，以下一些经验可供借鉴：

（1）创始人持有公司30%以上的股权，联合创始人和员工一起持股30%以上较为合适

根据A股上市规则，如果公司有一个人直接或者间接持有30%以上股权，可以认定公司有实际控制人。最大创始人持股比例大于其他联合创始人之和，可以避免出现两个创始人股权比例太过接近，对一件事情有不同意见时产生争议。联合创始人和员工一起持股30%以上的持股比例既能使联合创始人个人持股保持与创始人较大差距，也能让创始团队总体持股超过60%，保证拥有对公司控制的主动权。

从实际情况来看，很多时候实际控制人不需要持股30%以上，其持股比例可能只有百分之十几甚至几，但依然能够控制公司，因为其可以对股票设置不同类别。比如京东的刘强东持股16.2%，却享有80.9%投票权（2016年）。

（2）投资人股权占比30%～40%

除去创始人、联合创始人和核心员工持有的股权，剩下的为预留给投资人的股权。

（3）互联网公司一般预留10%～15%的期权池

这是60%互联网创业公司的选择。特别是对于那些已经发展到一定阶段，但还没有成熟，大概是A轮到C轮之间的公司。

（4）天使投资人持股最好不超过20%

比较典型的天使投资机构，常见的投资比例是20%。这样的比例保证了天使投资人在以后公司不断融资的过程中，持股比例不会降得太快，即使再融资几轮，持股比例稀释到10%或者5%都非常难，如果公司成长起来，获得利益依然比较多。

对于创始人，公司第一次融资时股权的价值最低，此时卖掉的股权越多，以后股权价值高了，损失的利益越多。另外应避免天使投资人控股公司。1号店就是一个典型的例子，第一次融资时出让了80%股权，最终被京东收购，整个过程创始团队没有话语权。

(5) 普通员工持股一般不超过25%

技术驱动或创意驱动的公司，往往高度依赖人才。这类公司为了招纳更有竞争力的员工，为员工预留的期权池一般超过15%。但员工持股比例不能过高，因为员工持股比例增加的同时，创始人持有股份就会变少。

三、冲突管理

冲突的发生是企业内外部某些关系不协调的结果，表现为冲突行为主体之间的矛盾激化和行为对抗。团队内的冲突分为两大类，即认知冲突与情感冲突。有效的团队知道如何进行冲突管理，从而使冲突对组织绩效的改善产生积极贡献。在无效或低效的创业团队中，团队成员在一起总是极力避免冲突的形成，默认或者允许冲突对团队有效性和组织绩效的提高形成的消极影响。

1. 认知冲突

认知冲突是指团队成员对有关企业生产经营管理过程中出现的与问题相关的意见、观点和看法所形成的不一致性。通俗地讲，认知冲突是论事不论人的。从本质上说，只要是有效的团队，这种团队成员之间就生产经营管理过程的相关问题存在分歧是正常现象；而且，在一般情况下，这种认知冲突将有助于改善团队决策质量和提高组织绩效。

当团队成员分析、比较和协调所有不同的意见或看法时，认知冲突就会发生。这一过程对于团队形成高质量的方案起着关键性作用，而且，关于认知冲突的团队方案也容易被团队成员所理解和接受。正是因为如此，认知冲突有助于改善团队有效性。

认知冲突是有益的。因为它与影响团队有效性的最基本活动相关，集中于经常被忽视的问题背后的假设。通过推动不同选择方案的坦率沟通和开放式交流，认知冲突鼓励创造性的思维，促进创造性的方案。作为冲突管理的一种结果，认知冲突将有助于决策质量的提高。事实上，没有认知冲突，团队决策不过是一个团队里最能自由表达的，或者是最有影响力的个别成员的决策。

除了提高决策质量以外，认知冲突能够促进决策本身在团队成员中的接受程度。通过鼓励开放和坦率的沟通，以及把团队成员的不同技术和能力加以整合，认知冲突必定会推动对团队目标和决策方案的理解，增强对团队的责任感，从而也有助于执行团队所形成的创业决策方案。

2. 情感冲突

冲突有时候也是极其有害的。当创业团队内的冲突引发团队成员间产生个人仇恨时，冲突将极大地降低决策质量，并影响创业团队成员在履行义务时的投入程度，影响对决策成功执行的必要性的理解。与那些基于问题导向的不一致性相关的认知冲突不同，基于人格化、关系个人导向的不一致性往往会破坏团队绩效，冲突理论研究者共同地把这类不一致性称为“情感冲突”。通俗地讲，情感冲突也是论人不论事的。

由于情感冲突会在成员间挑起敌对、不信任、冷嘲热讽、冷漠等表现，所以它会极大地降低团队有效性。这是因为，情感冲突会阻止成员参与影响团队有效性的关键性活动，团队成员普遍地不愿意就问题背后的假设进行探讨，从而降低了团队绩效。情感冲突培养起了冷嘲热讽、不信任和回避，因此，将会阻碍开放的沟通和联合。当它发生时，不只是方案质量在下降，团队本身的义务也在不断地受到侵蚀，因为团队成员不再把他们与团队活动联系起来。

有效的团队能够把团队成员的多种技能结合起来。相反，那些团队成员间彼此不信任或者冷嘲热讽，就不会愿意参与那些必须整合不同观点的讨论中，结果势必会造成对集体创新、分享认知、共担风险、协作进取等创业团队企业家精神方面的压制，致使创业团队逐渐变得保守起来，创业决策质量也大受损害。

同样地，那些敌对的或者是冷漠的团队成员不可能理解，也很少对那些他们并没有参与的决策履行相关的义务。因此，在多数情况下，团队成员也不会很好地执行决策。在最坏的情况下，由于这些团队成员甚至不愿意按照创业团队所设计的思路去执行决策，从而降低团队在未来有效运作的能力。

综合上述分析，对于团队绩效来说，冲突既可能是有益的，也可能是有害的，主要取决于它是认知冲突还是情感冲突。认知冲突可以通过改善决策质量和创造成功执行决策的机会，进而提高团队绩效。然而，情感冲突却降低了决策质量，破坏了对成功执行决策的理解，甚至不愿意履行作为团队成员的义务，进而导致团队绩效下降。

四、大学生创业团队的制度建设

规范的规章制度是大学生创业团队建设成功的基本保障，大学生创业团队最好的管理方式是在刚建立之初让员工对新企业有认同感，并调动他们的积极性和创造性，能高效率地工作，淋漓尽致地发挥他们的潜力和能力。成功的企业背后必然有一个强大的团队，而一个强大团队的内部必然有一套比较完备齐全的管理制度，但大学生创业团队在创业之初的软肋往往就在自己企业内部的管理制度上，所以一个良好的管理制度至少应该涉及以下四个方面。

1. 大学生创业团队内部合作制度

“团结就是力量”说明加强创业团队间人际关系的重要性，它是创业团队能否成功的关键。然而良好的人际关系不是与生俱来的，它需要团队成员在日常工作、生活中不断学习、锻炼和提高。人际交往就如同事物的发展一般，都有一定的规律性，只有掌握正确的交往方法，创业团队成员间才能建立起和谐的人际关系。因此，加强大学生创业团队内部人际关系需具备以下六个方面：正直、平等、诚信、宽容、换位思考、学会倾听。

“正直”从词义学的角度来说，其结构由“正”和“直”构成，其意义也由此生成。“正”即正确，“直”指公正的、正义的，所以正直指的是正确、乐观向上的人际交往能力，制造团结互助、融洽相处的人际关系氛围，不制造无原则的人际交往，不与消极堕落的人为朋友，也绝对不搞拉帮结派。“平等”从词义学的角度来说，其结构由“平”和“等”构成，其意义也由此生成。“平”即平行，不高不低，“等”即等于，不大不小，所以平等的含义是指在日常交往中，个人在人格上是平等的，没有高低贵贱之分。平等包括自我保持尊严的同时也必须尊重他人，相互尊重是人际交往的基础，如果没有这个基础，良好的人际交往便不复存在。“诚信”从词义学的角度来说，其结构是由“诚”和“信”构成，其意义也由此生成。“诚”即诚实，“信”即信用，所以诚信指的是人际交往中要坦诚相待、遵守诺言。“宽容”从词义学的角度来说，其结构由“宽”和“容”构成，其意义也由此生成。“宽”即宽大，“容”即容量，所以宽容指的是在人际交往时对对方要宽容，允许对方与自己有不同之处或是偶尔无心的错误。“换位思考”则是强调站在他者的角度，用他者的眼光去思考和看待问题，理解他者的具体状况，并能够顺利理解和处理存在的问题。“学会倾听”，在前面已提到，尊重是人际交往的基础，所以在对方说话时，不要随意打断或是自己三心二意，而是要专心聆听，从谈话中找到彼此感兴趣的话题，这样人际交往就会更进一步。

2. 团队成员招聘制度

人与人之间是不同的，各有各的特色，大学生创业团队就是把每个人的优势集中在一块，形成优秀团队，即由合格员工组建的团队。正如马化腾在2007年12月接受《商学院》杂志采访时说道：团队成员应该有互补性，并且能够拥抱变化。腾讯在创业时就遵循了这样的原则，现在仍然在贯彻这一原则。对管理者的要求也是随着企业的不同发展阶段变化的。所幸的是，我们拥有一个年轻的管理团队，能够很好地应对变化并把握变化带来的机会。

3. 团队管理的制度

从我们现实的社会环境来看，越来越需要团队合作去完成某些事业，许多成功的企业最初都是由创业团队建立并发展起来的。在知识快速增长、经济高速发展的今天，靠创业者一个人来取得创业的成功已不太现实，创业企业的发展成为一种团队合作的行为。因此，优秀创业团队的建立包含以下几个方面：一是优秀团队的内部构成要素；二是优秀团队的要素；三是优秀团队的基本特征；四是优秀团队的合作情况。

(1) 优秀团队的内部构成要素。创业团队,其内部成员在家庭背景、技术能力、知识兴趣和性格爱好方面都各不相同,也正因为如此,他们在团队的内部分工和角色扮演上能够达成互补,其目标是一致的,这是团队存在的根本。一般来说,一个完整的团队由目标、定位、职权、计划和人员五部分要素组成。目标是团队的核心,是把成员联系起来的根本力量,创业团队想要实现什么目标,这会决定其创业团队的项目规划及实施步骤。但是"目标"有时也会不断地变化,因为创业的实际情况会不断发生变化,创业团队可以根据具体的现实状况更改目标,这是机遇与问题共存的过程。定位是创业团队如何与现有组织结构相结合的问题,这能够将团队的组织形式进行清晰地规划。其首要任务就是决定团队成员及团队对谁负责,然后采取措施激励团队成员,最后形成一套完整而有效的制度规范,把团队人员构成和组织方式确定下来。职权是指创业团队的"权利"与"义务",这体现在创业团队工作范围和实际运作过程中决策的自主程度。它实际上是团队目标和定位的延伸。需要注意的一点是,创业团队的职权一定要明确,不能含混以致工作界限模糊,影响团队的运作。计划是如何具体实施"职权",因为一旦明确了团队的职责和权限后,就需要把它们分配给团队成员,这是一个怎么做的问题。同时计划既需要宏观地把握创业团队的发展方向,也需要细致入微地把成员的具体职责和权限明晰安排。人员是决定团队能否获取成功的关键。一般而言,创业团队应包括这几方面的人才:技术型人才、管理型人才、营销型人才等。这几方面的人才协调好,是团队稳定发展的保障。以上构成优秀团队的五个要素是团队的基本组成部分,缺一不可,而且各个要素之间相互制约、相互影响。

(2) 优秀团队的要素。在建立优秀团队时,不要只选择那些背景、教育、经历状况相似的人,虽然这样做将在许多方面显得容易和令人愉悦,但是它不能提供新企业所需的丰富的人力资源基础。一个优秀的团队必须包含和掌握非常宽泛的信息、知识、技能、才能和能力。创业团队内部成员应该是互补的,他们可以在技术、知识、管理、经验上相互补充,这样才能使团队发挥最大的功效。综上所述,在建立优秀团队时注意避免创业团队成员间的相似性,而是找到他们之间的互补性。

(3) 优秀团队的基本特征。据统计,在美国,创业团队成员的分手率要高于离婚率,由此可见团队组成的不易,所以创业者应高度重视创业团队的建设。优秀的团队一般都具有以下基本特征:有明确的目标、以团队利益为主、凝聚力坚不可摧、技能技术突出、合适领导、诚信正直、勇于创新、坚持正确的经营方针等。

(4) 优秀团队的合作情况。获取必要的人力资源是创业团队发展企业的第一步。促进创业团队成员间的有效合作的因素主要有三个:一是明确的职责分工;二是对公平感知这一基本问题的密切关注;三是团队成员之间的有效沟通。

4. 激励机制

一个完善的企业应由不同的部门组成,每个部门分管的领域、各自的人员配置均不相同,所以应采用不同的激励机制,企业才会有更好的发展。归纳起来激励机制主要包含以下三个方面:一是对领军人物的激励;二是对风险投资者的激励;三是对一般员工的激励。

(1) 对领军人物的激励。领军人物即是在大学生创业团队的“精英”,而这种“精英”在知识结构、素质构成和个性修养方面都很突出,他们是支撑创业更好发展的支柱,他们将自己突出的资源与市场资源相结合,为企业创造更多的利润。这种奖励通常有以下方式:薪酬、股权、机会、情感、环境等。薪酬在一定程度上体现一个人的价值,而薪酬又与绩效挂钩,所以,建立一个完善的绩效考核体制,对每一个人都是公平、公正的。股权的合理分配,特别是对领军人物是一种持续激励的方法,这样一种形式表现的是对“精英”的承认与重视,对企业和“精英”是双赢的结果。机会激励对“精英”也是一种有效的激励措施,常说“机会是给有准备的人”,而“精英”们拥有扎实的专业知识,所以,机会对他们来说尤为重要,要公平、公正地运用机会激励,保证不会对“精英”的积极性造成不必要的损害。情感激励对领军人物来说显得尤为重要,中国自古以来都是有情有义之国,而对于受过良好教育的领军人物来说,受尊重的需求相对较高,更加渴望被尊重,让他们多参与决策讨论,以增强他们的被认同感和企业归属感。如在节日里发放小小的礼物等,带来的可能是领军人物更加努力地工作和为企业带来更多的效益。一个良好的工作环境是领军人物顺利从事工作的基本保障,所以企业内部应该创造良好的创新氛围,对他们的创新多加关注、支持、重视和理解。

(2) 对风险投资者的激励。由于创业初期的企业缺乏足够的资金,这就需要引进风险投资进行必要的融资,但是如果出现一些问题,就会对风险投资者的积极性造成影响,这就需要对风险投资者进行有效的激励。退出的激励机制源于退出收益的经济激励。风险投资的退出方式存在许多不同之处,其退出收益却是基于创业者的良好业绩前提的。由于有限合伙制的利润分享机制,风险投资的退出实现了风险投资个人利益最大化与风险企业股东利益最大化之间的统一,对个人利益的追求激励着风险投资者追求股东利益的最大化。

(3) 对一般员工的激励。一般员工是指公司部门领导以外的其他工作人员,这些人员一般从事一些具体的工作,如销售、财务、生产等。首先要让一般员工有企业归属感，使一般员工有与企业共存亡的意识，形成企业的整体行动力，使所有员工都投入到创业者推动的创业活动之中，为实现创业者的创业目标而努力。对一般员工的激励，应包括评价激励、薪酬激励、参与激励、榜样激励四个方面。评价激励通常指的是客观正确的评价员工的工作态度、努力程度及每月的绩效，从而激发员工积极上进的竞争意识并付诸行动。例如著名的微软公司每半年便对员工进行一次综合考评，优胜劣汰的机制让员工更加积极主动地争取工作机会，从而达到个人价值的体现及增加社会影响力。薪酬激励指的是在客观正确地评价员工综合考核内容基础上，通过合理的薪酬，给员工适当的激励，主要采用的方法有三种：一是按时按件计算；二是基本工资加提成；三是个人收入与企业效益挂钩。按时按件计算的方式最大程度避免了以往的“大锅饭”弊端，通过正确考核，员工不再担心因为不确定因素而拿不到自己相应的工资，以此解决员工生存和安心的问题。基本工资加提成，是指在基本工资的基础上设立工作提成奖励，这是薪酬激励的重要手段，对员工的工作积极性具有重要作用。现在许多企业都采用基本工资加提成的工作结构，只是比例有所差别。如日本企业的基本工资加提成奖金比是 5∶5，美国企业一般维持在 3∶7，我国目前企业这方面的比例一般是 5∶5 或 4∶6 左右。个人收入与企业效益挂钩的情况通常在销售人员方面实施得较多，如某些公司销售工作人员没有奖金和津贴，完全按销售收入的 5％左右提成。参与激励是指让员工发挥主人翁精神，参与到企业的日常管理、决策及工程创新当中来。参与激励首先要明确的是员工具体岗位责任与权力，然后让员工参与到决策的制定过程中，让员工获得归属感，提高积极性。榜样激励指以他人高尚思想、模范行为、优异成就等来教育影响员工，使大家深刻理解榜样的精神实质，并在实际生活和工作中学习和落实到行动中。

五、大学生创业团队的知识结构建设

为了提高创业的成功率，大学生创业团队需要具备以下四方面的知识体系：

首先是专业知识体系。大学生创业团队特别是核心人物需要自身拥有过硬的专业知识，因为只有这样，才具有竞争力，否则就会失去人才优势。现在很多大学生创业团队的核心人物都从自己所学的专业知识方面着手，比如学英语的开英语培训班，学美术的开美术培训班。大学生创业团队正是运用这些专业知识，对创业形式进行分析，把握事物的流行趋势，有自己的独到见解，实现创业目标。

其次是创业知识体系。创业不仅是课程里的死板知识，它还是一种具体的商业实践活动，但是大学生团队很少具备丰富的商业实践经验，对商业管理中的商品交换与流通等都知之甚少。而这种情况就对大学生团队创业产生了巨大的限制，缺乏商业知识体系就很难对创业计划进行细致入微的安排。缺乏商业知识，就会缺乏商业意识，更缺乏经商能力。所以，不管是立志创业的普通大学生，还是立志创业的大学生精英，必须学习一些商业知识，了解经商之道。

再次是管理知识体系。大学生创业团队作为一个组织而言，其本身就存在管理问题，团队内部的成员分工以及决策流程都是需要重视的。并且如果顺利发展成为企业，那么企业管理更是一个大问题，这涉及人力资源、财务、活动策划等方方面面。没有相应的管理知识和经验，很难把这些问题都协调好。

最后是相应的法律法规知识体系。当今社会是法制社会，任何创业者都必须遵纪守法，否则不仅不会给社会及自身带来财富，反而给社会带来危害，给人民带来不好的影响，所以大学生创业团队在创业前及创业过程中，需要熟悉相应的法律法规。

第六章　大学生创业资源的整合和利用

学习目标

通过本章的学习，使大学生了解创业资源及其相关理论，熟悉创业融资的具体形式以及风险投资的相关知识体系；对大学生融资政策的介绍可以帮助大学生深入了解对其创业有利的政策并加以利用。

第一节　创业资源的内涵与类型

本节要点

创业资源的内涵；国内外不同学者对于创业资源类型的不同划分方法。

对于任何一个企业来说，资源都是必不可少的，特别是对于创业企业而言，资源的作用就更加不可忽视。在创业过程中，企业所需要的资源是多方面的，包括人力、财力、物力等，即不仅需要更多人力资源参与到创业活动中来，也需要得到物质、技术、资金、政策等方面的支持。

一、创业资源的内涵

创业活动开展所必备的要素之一是创业资源，创业资源已成为创业的关键要素与基本前提条件。创业需要资源，经济学中将为了创造财富而投入生产活动中的一切要素均称为资源，而企业战略范畴中的资源，既包括为实现企业组织目标而运用的固定的有形资源，还包括其他所有的内部组织无形资源；管理学意义上的资源，则逐渐倾向于指知识与信息密集型的各类生产要素及其组合；更一般意义上的资源通常指组织中的人、财、物等各种投入，在具体形态上包括机器、设备、厂房等有形资源，也包括品牌、专利、声誉等无形资源。创业资源是指为了实现创业目标而在整个创业过程中所运用的各类有形资源与无形资源的加总。

二、创业资源的类型

关于创业资源的类型，不同的学者有不同的分法。Barney 在一般意义上将创业型企业资源分为物质资本资源（如厂房设备、原材料、物质技术、场地资源等）、人力资本资源（如管理者与员工的知识与智慧、经验与见识、判断力与洞察力等）、组织资本资源（如正式组织结构、正式与非正式规划、控制与协调系统、内部非正式关系、环境的非正式关系资源等）。Ardichvili 类似地认为，创业企业资源包括物质资本、人力资本、财务资本及社会资本。其中，物质资本指经营所需的实体资本，如技术、设备及工具等；人力资本指所拥有的具有创新与机会识别能力的各类有用人才；财务资本指企业运营所需的资金支持类资源；社会资本是管理者的人际网络、社会网络等要素。

Richard Hall 通过访问 847 位企业首席执行官，同样认为创业资源分为有形资源及无形资源。与之前研究不同的是，他认为无形资源里面包含需要依赖于人的技术能力及不依赖于人本身的资产，这种分类能够帮助创业者识别出哪些资源可以通过在市场上购买或者其他方式获得，哪些资源必须依靠自己长期的培育和发展才能获得，这种分类方式具有一定的实用价值。具体情况见图 6-1。

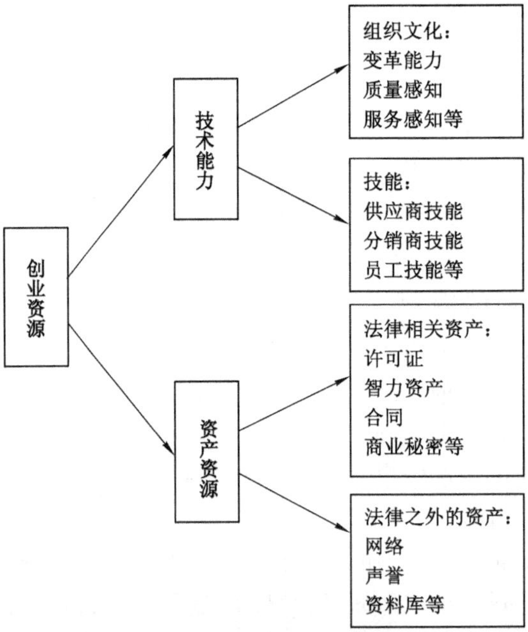

图 6-1　Richard Hall 无形资产维度细分图

Timmons 认为，生存型创业企业在整个创业过程中，所需的创业资源主要分为核心资源、基础资源和其他资源。其中核心资源与基础资源是生存型创业所必需的，且对资源质量要求高，以保证生存型创业的顺利进行，而其他资源积累得越全面，往往创业过程越顺利，创业活动成功的可能性也就越大。姚梅芳、黄金睿和张旭阳基于 Timmons 研究，对提出的三大类资源进行了详细地划分，其中核心资源包含了人才资源、管理资源及技术资源，基础资源包含了资金资源与场地资源，其他资源包含政策、人脉、信息、行业、品牌及文化资源等。

创业资源的类型划分见表 2-1。

表 2-1　　创业资源的类型划分

研究者	具体分类
Ansoff	从资源角度将构成创业企业资源分为人力资源、财力资源和物质资源
Barney	在一般意义上可划分为物质资本资源、人力资本资源、组织资本资源
Timmons	可分为核心资源、基础资源、其他资源，核心资源与基础资源是生存型创业所必需的，其他资源积累得越全面，创业成功可能性也就越大
Ardichvili	创业企业资源包括物质资本、人力资本、财务资本及社会资本
朱炎	创业资源包括自有资金、亲情资金、关系资源、技术产品
雷家骕，冯婉玲	创业资源要素主要包含：有望成功的商业计划；设立企业和起步要求的资金；起步项目依赖的技术与人才；技术、行业、市场及政策信息；社会联系；营销网络
林嵩	创业资源可分成资金资源、人才资源、管理资源、信总资源、科技资源及政策资源
姚梅芳，黄金睿，张旭阳	基于 Timmons 研究，也划分为核心资源、基础资源、其他资源，并进一步将核心资源分为人才资源、管理资源及技术资源，基础资源分为资金资源与场地资源，其他资源分为政策、人脉、信息、行业、品牌及文化资源等
李宇	基于 Ardichvili 研究，从企业内部与外部、资源的有形与无形两个角度将创业资源分成要素资源和外部网络资源两大类
刘霞	创业资源可分为实体资源、财务资源、人力资源、知识资源、社会网络资源

第二节　创业资源的整合与利用

本节要点

创业资源的整合过程；大学生创业资源的识别；大学生创业资源的获取；大学生创业资源的配置与作用机制。

一、创业资源的整合过程

资源是企业发展的重要基础，是创业机会转变为创业实践过程中必不可少的要素。新创企业只有获取了一定的资源，新的资源能力和竞争优势才会形成。创业的过程是不断地投入资源以连续提供产品和服务的过程，在这个过程中创业者对创业资源进行整合，包括资源的确定、筹集和配置。不同的学者把资源整合分为不同的过程，P. West 和 J. Decastro 认为企业只有获取了一定的资源，新的资源能力或者竞争优势才会形成，企业要赢得市场就必须依靠这种区别于其他企业的资源优势。而这种资源利用涉及协调与拓展两方面的内容，这就是最初的资源整合过程。与以往研究不同的是，Brush、Greene、Hart 对创业企业资源基础的构建进行了分析，他们把创业企业在资源整合过程中所面临的主要挑战归纳为集中资源、吸引资源、整合资源和转化资源四个部分。Simon、Hitt、Ireland 从动态的角度研究了资源管理的过程，提出了资源管理的三大步骤，即构造资源组合（获取资源、集聚资源、剥离资源）、绑定资源形成能力（保持、改进、创造）和利用能力（移动、协调、配置）以形成优势。根据以上主要观点，国内学者马鸿佳、葛宝山把资源的整合过程分为资源识别、资源获取、资源配置以及资源利用四个阶段，在本书仍然沿用这一思想。

1. 资源识别

资源识别是创业企业实现资源整合的第一步，因此为了实现既定目标，需要明确所需的资源。创业过程是创业者如何获取和开发资源的过程，创业者能获得的资源的特性在很大程度上决定了新企业的产出。新企业在处于早期阶段时，识别、获取资源比开发、整合资源更加重要。资源识别过程可以分为两步：一是明晰需要什么资源，即对资源需要进行评价，形成资源清单。在此基础上对当前资源与企业所面临的机会之间存在的差距进行识别评估，这种识别不仅仅包括识别所需资源的数量，也包括所需资源的质量以及使用顺序。二是在识别资源本身特性的基础上，对资源潜在的供应商进行识别。

2. 资源获取

资源的获取是创业活动中重要的一步，通过创业者（创业企业）对资源的获取可以为企业积累创立、发展所必需的资源库。对于大多数新创企业而言，由于初始资源禀赋的不完整性，创业者应该取得资源供应商的信任，从而取得所需资源。在资源获取的过程中，创业者要根据其能力组合通过一定的技巧来实现创业资源的获取，本书主要关注在创业网络中新创企业如何通过网络关系获取创业必需的资源。资源是新企业创建、成长和扩张的基础，新企业最终实现价值创造的必要条件就是占有和获得关键资源。现实中，创业企业在创业初期，由于自身条件的限制，与成熟企业相比，往往无法获得需要的资源，因此资源包括财务资源、人力资源、经营信息、社会支持，乃至创业必备的能力等成为制约企业发展的瓶颈问题。在这个过程中，因为创业者通过创业网络可以降低环境不确定性所带来的风险，所以必须充分发挥创业网络在创业资源方面的作用。

3. 资源配置

新创企业在最初获得的资源大多是分散的、未经系统化的，因此企业经过资源的识别、获取后，需要把所需的资源进行配置，形成赖以发展的资源库。获取的资源应该注重其效用和价值，不能获取而不用，这样资源的价值和潜力便被埋没了。资源整合过程受到环境不确定性的影响，新创企业对资源的配置直接影响到其核心能力的形成，资源的整合过程就是能力形成的过程。在这些资源的整合过程中，伴随着个体资源向组织资源的转化。整合后形成的企业能力中，能够合适地发挥以开发机会和发展竞争优势的能力集合是最有效的。

4. 资源利用

资源利用主要指创业者协调各种关系，剥离无用的资源，整合有用的资源。企业通过整合内外部的各种资源，实现比市场更好的配置效率，使得资源在企业被合理地利用。通过协调，能在资源之间形成一种合力。资源利用是一个学习的过程，使企业拥有了符合满足顾客需求和当前竞争优势的能力时，创业导致的新机会才能为顾客创造价值。企业在拥有独具优势的资源后，在人力资本的作用下，各种多样性资源被整合为一体，企业内部人和物的能力得到改造，并且为企业带来了良好的业绩。市场复杂性和异质性为企业创造了大量的机会，使企业能够利用和发挥他们的独特能力。资源利用的过程主要集中于对市场机会的利用。为了对必要资源进行整合，创业者应该按照下述四个步骤操作：首先明确所需的资源并进行识别；其次在识别的基础上获取潜在资源；而后匹配资源并进行功能增强；最后则是利用已有资源实施价值创造活动。这就是资源整合的完整步骤。本书仍然沿用这一思想，重点分析在资源获取阶段中，创业者如何通过对创业网络关系的组合、博弈、优化来实现创业过程中资源的获取。

二、大学生创业资源的获取

创业资源的获取主要是指创业者或创业企业通过某种方式获得所需的、必要的以及关键的资源，这也是企业内部与外部相结合的资源整合的创造性过程。第一种类型的创业主体通过使用支付全额费用的方式来获取资源；第二种类型的创业主体通过运用社会关系的方式来获取资源，并且付出的代价最小。进一步可分为四种方式：

(1) 资源购买是指通过市场交易购买所需要的资源。然而很多资源很难通过市场购得,它们通常附着于某种非知识资源上。

(2) 资源联盟指的是与其他的企业或组织共同开发资源,使用这种方式是因为企业无法独立完成开发并且无法在市场上购买。通过这种方式企业可以获得自己所欠缺的显性或隐性资源。但形成资源联盟是有前提的,联盟的企业在资源、能力等方面需要互补并且存在共同目标,双方在联盟前要进行磋商,保证联盟对双方都是有益的。

(3) 资源并购指的是通过收购股权或者资产来获取资源,这种方式把企业的外部资源变成了内部的。不过,资源并购也是有前提的,即双方的资源要具有高关联度,尤其是在知识等新资源上。从资源获取的成本和资源获取的便捷性出发,资源联盟是一种非常有效的资源获取方式。

(4) 资源获取的网络方式主要是指创业主体通过网络关系的组合从外部环境中获取资源。企业在资源获取的过程中所采用的方式与企业发展阶段、资源需求类别等因素密切相关,网络关系作为长期契约可以克服新创企业在资金获取上的弱势地位,对于风险承担和经济资本转移意义重大。企业通过网络联系不仅能够获取大量的资源,而且能够将资源整合成库,当需要的时候便可以迅速应用,节省时间与精力,丰富了企业中的知识和资源体系,能够强化绩效。新创企业的网络关系代表企业获取生存和成长资金的关键渠道,新创企业通过网络方式获取创业资源是一种相对低成本、高效率的方式。

三、大学生创业资源的配置与利用的机制

1. 试错-纠正-学习机制

创业企业的创业过程是不断探索与学习的过程,也是对其内外部各种资源与机制的调整整合过程,该过程质量高低往往决定创业是否成功,即创业企业的发展速度、高度及稳定性。在企业创业与发展过程中,相伴的学习过程往往难以事先做出周密的筹划及分工合作,需要创业者经常试错式地大胆尝试,从失败与探索中积累经验并减少错误,逐步逼近创业目标,这样无疑提高了创业者的试错-纠正-学习能力乃至综合能力,并可以以这种能力来弥补其他方面的不足。当然,在试错-纠正-学习过程中,需十分注重风险的规避,以及正确的战略方向与市场的把握。

2. 示范机制

创业企业的成功经验能够产生很好的示范作用,如在所选用的技术类型、所采取的创业战略及方向、市场营销、生产组织及人才培养等方面提供了一个直观的标杆样本,后建的创业企业在初期及以后的经营中,可根据所设立的标尺通过

对比标杆创业企业来衡量自身的实力，并可通过对已成功创业企业的某些战略与战术模仿以及定点超越而实现低风险的发展。

3. 溢出机制

创业成功的企业往往较充分地积累了各种资源，当中某些富余的资源会自然地出于牟利目的产生寻租行为而引起资源的溢出，这些实施寻租的创业资源在市场化环境中通常会以各种正式而公开的形式实现其市场价值，而在非市场化环境中往往以一种地下非公开式隐秘而非正式的形式实现其市场价值。

4. 带动机制

创业企业往往会派生出各种生产资料与生活资料的需求，这给提供这些创业资源供给的产业领域提供了诸多机会。创业资源提供方往往提供原料或零配件、专业人才等生产要素，需求方相应地定点进行资金、人才及技术的扶持与援助，通过这种方式带动了创业资源的流动，确保了创业企业获取所需的极为宝贵的创业资源。

5. 分享机制

创业资源富集地区为提供创业组织所需的各种资源，往往会引致各种专业化机构的设立与大力扩张，这使得这些机构的供给能力逐渐大于市场原有的需求能力，从而创业企业将能够享受资源分享，获取优质的低于市场平均价值的创业资源供给。也就是说，专业化的设计组织（如设计企业、大学、官方机构）、生产组织、原材料供给组织及人才培养机构将能提供各种创业资源与专业高效的服务，使创业企业在初期只需付出极少量变动成本而免去了诸多固定资产开支。

6. 磁场机制

良好的创业环境与创业企业不仅能从组织外部吸引物质、资金及人才等创业资源，并且可以如同磁石般地产生磁化作用，使得每一个磁场中的分子都被磁化，较容易实现创业资源的最佳与最高形式的聚集，即不论是有形还是无形的创业资源都将会被汇聚与整合起来。

7. 共生机制

由于市场的高效运作以及创业企业间协作关系的逐步密切，各种形式、规模及专业化的创业企业通过合理分工、紧密协作而在一个共同的经济体中共生与发展，这将使得创业资源实现良好的配置与极大的优化，并最终促进专业化、高效化的创业企业能够持续地萌生与顺利成长，从而在整个创业过程中实现较高的成功率。

第三节　创 业 融 资

本节要点

不同标准下新创企业融资方式的分类；创业企业的融资渠道及各种渠道的适用条件；企业从创办到成熟的五个阶段；创业过程与融资渠道的匹配。

一、创业融资的概念与类型

融资就是资本的融通，有“汇纳百川、融为一体”的意思。所谓创业融资，是指创业者为了将某种创意转化为商业现实，根据未来新创企业经营策略与发展需要，经过科学的预测和决策，通过不同渠道、采用不同方式向风险投资者或债权人筹集资本，组织创业启动资本的一种经济行为。创业融资是为了解决企业成立前后的创业启动资金问题，是创业者的第一次融资，也是最重要的一次融资。

创业早期需要筹集较多资本，以便为创业启动提供足够资金。许多创业者随意地从事着融资任务，因为他们缺乏这方面的经验并且对他们的选择知之甚少。不同的融资方式和渠道各有特点和适用性，为此创业者需要了解不同融资方式和渠道的内容。

融资方式是指企业融资所采用的具体形式和工具，体现了资本的属性和期限。其中资本的属性是指资本的股权或债权性质。新创企业的融资方式可以按不同标准来分类。

（一）权益融资和债权融资

按照资本属性，可以把融资方式分为权益融资和债权融资。

1. 权益融资

权益融资也叫股权融资，意味着创业者用未来企业部分股权换取创业融资。权益资本代表股东对企业的个人投资，不需要像负债一样向投资者支付利息，然而，增加企业的权益资本意味着创业者必须放弃部分股权，使之转移给外部投资人。权益资本融资主要有吸引直接投资和发行股票两种方式。

(1) 吸收直接投资。吸引直接投资即按照“共同投资、共同经营、共担风险、共享利润”的原则吸纳政府、个人、法人和外商投入资本的融资方式，直接投资中的出资者都是企业的所有人，出资方式主要包括现金出资、实物出资、知识产权出资、场地出资等。投资的个人及法人拥有企业的部分控制权和利润分享的权利。

在企业初创阶段，吸引大量的直接投资，意味着创业者必须放弃相当部分的所有权给外部投资人。这样的结果使创业者的股份逐渐减少，创业者失去对企业的控制，从而可能会削减其追求成功的热情。

（2）发行股票。即通过发行股票这种有价证券来筹集自有资本。股票持有人即为股东，按投资的资本额度享受所有者的资产收益并参与公司的重大决策。股票按股东权利和义务分为普通股和优先股。普通股是公司发行的代表着股东享有平等的权利、义务，不加特别限制，股利不固定的股票；优先股是公司发行的优先于普通股股东分取股利和公司剩余财产的股票。

对于即将创立的公司来说，发行股票进行融资有如下好处：一是发行股票不会使公司有法定的责任，不像债券那样按期付息，股票的股息是可以依据公司的营运情况来定的。二是普通股票没有“偿还期”，不用还本。三是如果上市公司的前途预期看好，发行股票融资往往比发行债券融资对公司更有利，股票价格和股息一般是增值的，因此，可以保护投资人的利益。四是公司的财务经理愿意保持一定的借债能力，因为当公司不景气时，没有人会买这个公司的股票，公司要想获得外部资本就只好举债，所以，公司财务经理在公司景气时，愿意少借债、多发行股权资本，这样，可以在需要时，保持一定的举债能力。

公司融资采用发行股票的形式有好处，但也有一些问题。对此，创办者也应该有所认识：一是分散了公司的控制权。如果不愿意别人干涉自己的经营管理，创办者就必须少发行股票。二是上市股票越多，分公司利润的人就越多。三是发行股票的交易成本往往比发行债券高，因为发行股票的各种准备工作的成本要比发行债券更高，而且股票的风险要大于债券。

2. 债权融资

债权融资是指公司以借款的方式筹集资本，到期需还本付息，在资产负债表中列为负债。债权融资是一种非常昂贵的融资方式，要求企业有较高的投资回报才能到期偿还债务，因此存在较高的风险性。债权融资一般有银行借款、商业信用、发行债券和租赁等方式。

（1）银行借款。银行借款是创业者按照借款合同从银行等金融机构借入长期和短期债权资本的主要筹资方式。在我国，尽管有国家政策的支持，但由于普遍缺乏有效担保和有效抵押，信用度不高，初创企业很难顺利地从银行借到资金。因此，创业者应发展多种融资渠道。

（2）商业信用。即企业通过赊购商品、预收货款等商品交易行为筹集短期债权资本的一种筹资方式。如企业赊购商品或服务的资金可能占到其流动负债的 30%～40%，在小企业其比例可能更高，这其实就是一种短期融资。

（3）发行债券。即企业发行向债权人定期支付利息和到期偿还本金的债券，以筹集资本的一种筹资方式。债券有两种：一种叫作“抵押债券”，即债券发行方以某种资产作为该债券的抵押品，如果借款方破产，无法偿还，债券的持有人可以获得作为抵押的资产，将其变卖以收回投资。另一种叫作“无担保债权”，这种债券没有什么特别的资产作为抵押品，债券持有者是以借债公司的整个资产作为“抵押”，如果借款方破产，整个公司会被拍卖，所得款项就用来偿还债权人。

（4）租赁。租赁一般按照租赁合同租入资产。企业可以采用租赁方式租入所需资产，并形成企业的债权资本。

（二）内部融资和外部融资

创业的全部融资按资本来源的范围，可以划分为内部融资和外部融资两种类型。

内部融资是指创业者自己或家庭通过原始积累形成的资本来源。内部融资是在创业者个人、家庭或亲朋内部形成的，一般无须花费融资费用。对于创业者而言，内部融资主要来源于创业者父母、亲朋的支持，也有个别来自自己的积累。外部融资是指在内部融资不能满足需要时，向上述人际圈之外融资而形成的资金来源。对于很有发展潜力的创业项目来讲，内部融资往往难以满足需要。因此，创业者就需要开展外部融资。外部融资大多需要花费融资费用。创业者应在充分利用了内部融资之后，再考虑外部融资问题。

（三）直接融资和间接融资

创业融资活动按其是否以金融机构为媒介，可以划分为直接融资和间接融资。

直接融资是指创业者不经过银行等金融机构，而直接与资本供应者协商借贷或直接发行股票、债券等筹集资本的活动。在直接融资过程中，资本供求双方借助于融资手段直接实现资本的转移。间接融资是指创业者借助银行等金融机构而进行的融资活动，它是传统的融资形式。在间接融资形式下，银行等金融机构发挥中介作用，预先聚集资本，然后提供给融资企业。间接融资的基本方式是向银行贷款，此外还有向非银行金融机构借款、融资租赁等。

（四）长期融资与短期融资

创业融资按期限不同，可以划分为长期融资和短期融资两种类型。

长期融资是指创业需用期限在一年以上的融资，通常包括各种股权资本和长期借款、应付债券等债权融资。短期融资是指创业需用期限在一年以内的融资，一般包括短期借款、应付账款和应付票据等项目，通常是采用银行贷款、商业信用等筹集方式完成的。

二、创业融资渠道的选择

（一）创业融资渠道

融资渠道是指资金来源的方向和渠道，体现着资金的源泉和流量。一般来说，创业者筹集资金的渠道有以下几种。

1. 自有资金

尽管有些创业者没有用个人资金就办起了新企业，但这种情况很少，因为不仅从资金成本或企业经营控制的角度来说，个人资金成本最低廉，而且还因为在试图引入外部资金尤其是获得银行、私人投资者以及风险投资家的资金的时候，通常需要拥有个人资本。

通常外部资金的供给者认为，如果创业者自己没有资金投入，就可能对企业经营不会那么尽心尽力。个人资金的投入水平，关键在于创业者的投入占其全部可用资产的比例，而不在于投入的绝对数量。外部投资者要求创业者投资全部的可用资产，认为这就标志了创业者对自己的企业充满信心，并将为了企业的成功付出必要的努力。

那么，在工作中的积蓄是不是应该都投入到新的企业中来呢？创业者应将自有资金的大部分投入到新创的企业中。一方面，创办新企业是捕捉商业机会实现价值的过程，将尽可能多的自由资金投入其中，可以在新创企业中持有较多的股份。创业成功后，将获得较大的创业回报。这样，个人才能和资金在创业活动中共同创造较大的价值。另一方面，自我融资是一种有效的承诺。创业的不确定性和信息不对称常常造成了创业融资的诸多困难，如果在投身创业的过程中投入自己的资金，这本身就是一种信号，它告诉其他投资者，创业者对自己认定的商业机会一定有信心，对自己的新创企业充满信心，是全心全意、踏踏实实地干事业；创业者会谨慎地使用新企业的每一分钱，因为那是自己的钱。这种信号会给其他资金所有者投资新企业一种积极的暗示，适度缓解信息不对称的负面作用，增加其对新创企业投资的可能性。

当然，对很多创业者来说，自我筹资虽然是新企业融资的一种途径，但它不是根本性的解决方案。一般来说，创业者个人的资金对于新创企业而言，总是十分有限的，特别是对新创大规模企业来说，几乎是杯水车薪。

2. 私人借贷

亲朋好友是创业融资的重要来源。特别是在我国，以家庭为中心，形成了亲缘、地缘、文缘、商缘、神缘为经纬的社会网络关系，对包括创业融资在内的许多创业活动产生重要影响。家庭成员和亲朋好友由于与创业者的个人关系而愿意给予投资，这有助于克服非个人投资者面临的一种不确定性：缺乏对创业者的了解。在创业初期，创业者往往缺乏正规融资的抵押资产，缺乏社会筹资的信誉和业绩。因此非正规的金融借贷——从创业者的家人、亲戚、朋友处获得创业所需的资金是非常常见、有效的融资方法。我国温州民营经济的融资特征是：在创业初期，以自有资金和民间融资为主；在企业具有一定的规模和实力以后，以自有资金和银行借贷为主，民间融资仍是重要的外部资金来源。有调查发现，企业在初创期75%以上的资金来源于自身积累和民间借贷；在企业发展阶段，其资金来源主要为初创时的自有资金、留存收益以及银行借贷。

虽然从家庭成员和亲朋好友处获得资金要相对容易一些，但与所有融资渠道一样，向家庭成员和亲朋好友融资也有不利的方面。创业者必须明确所获得资金的性质是债权性资金还是股权性资金。在借助"五缘"等基于传统的社会网络关系时，必须要用现代市场经济的游戏规则、契约原则和法律形式来规范借贷或融资行为，保障各方利益，减少不必要的纠纷。为了避免日后出现问题，创业者必须将有利方面和不利方面都告诉家庭成员和朋友，还要告诉他们存在的风险，以便于将日后出现问题时对家庭成员和朋友关系的不利影响降到最低。用非个人投资者融资的商务方式来对待向家庭成员和朋友融资，对每一笔债权性资金都要讲明其利息率和还本付息计划，对股权性资金不能承诺未来支付红利的时间。如果能用对待其他投资者的方式对待家庭成员和朋友，就能避免将来可能的矛盾。创业者还可以事先用书面方式将一切事项确定下来，在将资金用于企业之前，必须规定融资的一切细节，这些细节包括资金的数量、有关条件、投资者的权利和责任以及对业务失败的处理等。制定一份涉及所有上述条款的正式协议可以帮助避免未来可能出现的纠纷。

除此之外，创业者还需要在接受投资之前仔细考虑投资对家庭成员或朋友的影响，特别需要考虑的是创业失败后的艰难困苦。家庭成员和朋友对新企业的投资应该建立在他们对投资成功的信心之上，而不是因为他们认为有这个义务。

3. 天使投资

天使投资是自由投资者或非正式机构对有创意的创业项目或小型初创企业进行的一次性的前期投资，是一种非组织化的创业投资形式。与其他投资相比，天使投资是最早介入的外部资金，即便还处于创业构思阶段，只要有发展潜力，就能获得资金，而其他投资者很少对这些尚未诞生或嗷嗷待哺的"婴儿"感兴趣。

一般认为天使投资起源于纽约百老汇的演出，原指富有的个人出资，以帮助一些具有社会意义的文艺演出，后来被运用到经济领域。20 世纪 80 年代，新罕布什尔大学的风险投资中心首先用“天使”来形容这类投资者。天使投资有三个方面的特征：一是直接向企业进行权益投资；二是不仅提供现金，还提供专业知识和社会资源方面的支持。惠普公司创业时，斯坦福大学的弗雷德里克·特曼教授不仅提供了 538 美元的天使投资帮助惠普公司生产振荡器，还帮助惠普公司从帕洛阿尔托银行贷款 1 000 美元，并在业务技术等方面给予创业者很大的支持；三是投资程序简单，短时期内资金就可到位。

天使投资人一般有两类，一是创业成功者，二是企业的高管或高校科研机构的专业人员。他们有富余的资金，也具有专业的知识或丰富的管理经验，由于年龄或职业、社会地位等因素的制约，不太可能从零开始单独创业，他们希望以自己的资金和经验帮助那些有创业精神和创业能力的志同道合者创业，以延续或完成他们的创业梦想，冒着可以承担的风险，在自己熟悉或感兴趣的行业进行投资，获取回报。据调查，美国有 25 万人或以上这样的天使投资人，其中有 10 万人在积极投资，他们每年在总共 2 万～3 万家公司投资 50 亿～100 亿美元，每次投资在 2 万～5 万美元之间。这些投资者主要是美国自主创业造就的富翁，他们有扎实的商务和财务经验，大多在 40 多岁到 50 岁之间，受过良好的教育。

目前，我国的天使投资还不够发达，但社会对天使投资已越来越关注。2007 年 3 月 21 日，由新浪网、清华大学中国创业研究中心、北京网创信息、中国企业家杂志社、第一财经日报社主办及联合策划的首届“中国最活跃的天使投资人”评选活动评选出了十位最活跃的天使投资人，包括邓峰、雷军、刘晓松、钱永强、杨宁、沈南鹏、张向宁、张醒生、周鸿祎、朱敏。

在温州地区，实际上早已活跃着类似的天使投资人，整个地区或温州人就像一个“资本网络”，对于想创业的温州人来讲，起步的资金是不用愁的。一个人只要有诚信，值得投入，在温州肯定能找到资金。相信随着市场机制的完善，信用制度的建立以及个人财富的积累和增加，天使投资一定会在促进我国的创业活动方面发挥更大的作用。这对许多有志于创业的大学生来说，将是一个值得期待的融资渠道。

4. 银行贷款

向银行贷款是我国企业最常见的一种融资方式，创业者也可以通过银行贷款补充创业资金的不足。目前，我国的商业银行推出的个人经营类贷款对创业者而言是一个好消息。个人经营类贷款包括个人生产经营贷款、个人创业贷款、个人助业贷款、个人小型设备贷款、个人周转性流动资金贷款、下岗失业人员小额担保贷款和个人临时贷款等类型。

银行在评估贷款项目时，以“赢利性、安全性、流动性”为基本原则，审查的因素通常被称作“6C”。包括：① 品德资信（character）：指借款者对其所欠债务是否愿意归还，一般通过考察其过去的资信情况，以及通过同借款人面谈来做出谈判。② 经营能力（capacity）：银行越是相信创业者的发展前途不可限量，也就越不会计较抵押物需要符合什么要求，因此，创业计划书的收益可行性、创业者的个人商业信用和偿还贷款能力都是非常重要的。银行主要通过审查其财务报表看其资金的流入流出是否正常，以及经营业绩来确定借款者的经营能力。③ 资本（capital）：指借款人财务报表上的总资产总负债情况、资本结构、资产负债相抵后的净值，即借款人的财富状况。④ 担保物价值（collateral value）：指借款人用作借款担保物的质量，通常要求超过贷款价值的财务或权利担保。⑤ 经营环境（condition）：指借款人在经济衰退及其他事件中的脆弱性，或说他在最糟糕的情况下的还款能力。⑥ 事业的连续性（continuity）：指借款人能否在日益竞争的环境中生存与发展。

创业的较高风险导致银行一般不愿意贷款给创业者。银行寻找能可靠归还贷款的顾客，而不是寻找风险投资家所追求的能获得巨大成功的业务。虽然创业者获得银行贷款有较大的困难，但并不意味着创业者就不能获得银行的支持。对于创业者来讲，可以从以下几个方面来取得银行借贷的兴趣。

（1）提供可靠的担保，转移银行风险。银行感兴趣的是创业者能否提供没有瑕疵的担保，而不是对创业者的风险投资回报。担保通常是物权担保，如抵押、质押等。尽管银行并不想优先受偿这类担保的财务，但是为安全起见，还是必须要有担保的。抵押物主要还是针对不动产，包括创业者个人的房屋、土地等；质押包括动产和权利，包括存折、股票、债券、房契、保单等。此外，对于资本实力并不强的创业者，可以向专业的担保公司申请，获得创业担保。

（2）贷款期限尽可能为短期，减轻银行风险。银行一般都不愿意给小企业发放中长期贷款，而是以提供短期贷款这种最安全、最能赚取利润的方式。银行特别愿意考虑贷款在一年以内的情况，这样就便于及时评估贷款的风险，决定以后的贷款方案。通常情况是，贷款期越长，银行需要的担保就越多，加到企业运作上的限制就越多。至于长期贷款，银行也可以发放，但一般需要用于购买重型设备，增加固定资产，或者购进别的小企业等方面。

（3）准备一份值得信赖的创业计划。创业者要制定一份十分精细的创业规划，随时准备提交给银行审查，但大多数小本经营者却不能做到这一点。这是获得贷款的关键，深思熟虑的计划可以作为创业成功的蓝图，它强迫你考虑创业运作的每一个细节。为银行提供一份有职业水平的计划，也就意味着为申请银行贷款打下了坚实的基础。这样将留给银行一个好印象:计划周密、准备充分、实际可行、值得信赖、风险较小,这样得到贷款的机会就增加了。准备以上内容应当在具有专业知识的会计师、律师的协助下进行,因为他们在企业运作方面掌握不少供研究的统计资料,并能为我们的设想提出比较现实的分析。总之,要尽一切努力说服贷款银行相信企业运作良好,且是具有发展潜力的。可以视具体情况把样品、照片、顾客对产品需要的文字介绍、权威人士的推荐信以及有助于获得贷款的任何资料交给银行。

5. 政府项目

政府和一些民间的非营利组织也是创业资金的重要来源。政府依据相关法律政策,对处于一定阶段的有很好发展前景的、对相关领域有重大影响的创业项目提供直接资金支持,这些资金的使用成本通常较低,但数目不大,也只能在特定阶段使用。

美国联邦和州政府提供很多新企业融资项目。比如联邦政府提供的小企业创新研究项目,在这一项目中,新企业能够从政府机构获得高达 10 万美元的资助来评估技术创意和高达 75 万美元的资助来完成技术商业化。另一个联邦项目是美国小企业管理局的 7(A)贷款担保项目,它保证向贷款者偿还他们贷给新企业的任何资金,直至达到某个预先设定的额度为止。美国小企业管理局也提供 CAP 系列项目,是一个向新企业和小企业的存款和应收账款融资贷款进行担保的系统。小企业投资公司(SBIC)是美国小企业管理局授权并予以贷款资助的组织。该组织为新企业提供少量股权投资(低于 50%),也经常向新企业提供债务资金。

在中国,政府提供的主要企业融资项目有:再就业小额担保贷款、科技型中小企业技术创新基金、中小企业国际市场开拓资金、青年创业贷款以及各种地方性优惠政策等。

(1) 再就业小额担保贷款。为帮助下岗失业人员自谋职业、自主创业和组织起来就业,对于诚实守信、有劳动能力和就业愿望的下岗失业人员,针对他们在创业过程中缺乏启动资金和信用担保,难以获得银行贷款的实际困难,由政府设立再担保基金。通过再就业担保机构承诺担保,可向银行申请专项再就业小额贷款,该政策从 2003 年初起陆续在全国推行。其适用对象有:① 国有企业下岗职工;② 国有企业失业职工;③ 国有企业关闭破产需安置的人员;④ 享受最低生活保障并失业 1 年以上的城镇其他失业人员。该类贷款额度一般在 2 万元左右。

(2) 科技型中小企业技术创新基金。它是经国务院批准设立,用于支持科技型中小企业技术创新的政府专项基金，通过拨款资助、贷款贴息和资本金投入等方式，扶持和引导科技型中小企业的技术创新活动。根据中小企业和项目的不同特点，该创新基金的支持方式主要有：① 贷款贴息：对已具有一定水平、规模和效益的创新项目，原则上采取贴息方式支持其使用银行贷款，以扩大生产规模。一般按贷款额年利息的50%～100%给予补贴，贴息总额一般不超过100万元，个别重大项目可不超过200万元。② 无偿资助：这主要用于中小企业技术创新中产品的研究、开发及中试阶段的必要补助、科研人员携带科技成果创办企业进行成果转化的补助，资助额一般不超过100万元。③ 资本金投入：对少数起点高，具有较大创新内涵、较高创新水平并有后续创新潜力，预计投产后有较大市场，有望形成新兴产业的项目，可采取资本金投入方式。

(3) 中小企业国际市场开拓资金。这是由中央财政和地方财政共同安排的专门用于支持中小企业开拓国际市场的专项资金。2000年10月，财政部和外经贸部为鼓励中小企业参与国际市场竞争，提高中小企业参与国际市场竞争能力，联合制定了《中小企业国际市场开拓资金管理(试行)办法》，明确规定了“中小企业国际市场开拓资金”的性质、使用方向、方式及资金管理等基本原则。2001年6月，两部委又根据此办法的原则，联合制定了《中小企业国际市场开拓资金管理办法实施细则(暂行)》，对这项资金具体使用条件、申报及审批程序、资金支持内容和比例等具体工作程序作出了明确规定。2001年，“中小企业国际市场开拓资金”的年度安排规模是4.5亿元人民币，2002年度已增加到6亿元。3年中，这项中央财政用于支持中小企业开拓国际市场各项活动的政府性基金，已经资助了全国近万家中小企业到国外参展或拓展国际市场。

(4) 青年创业贷款。2006年4月20日，共青团中央、国家开发银行为扶持青年创办中小企业，联合推出了“中国青年创业小额贷款项目”，对全国40岁以下青年初次创业和全国40岁以下青年企业家二次创业的中小企业提供不超过3年的贷款。青年创业小额贷款每人单笔额度一般在10万元以内，最多不超过100万元；青年创办的中小企业贷款单户额度一般在500万元以下，最多不超过3 000万元。对于纳入省、地(市)、县政府信用平台，贷款本息偿还有保障的项目，可提供在中国人民银行公布的同期贷款利率基础上向下浮动10%的优惠利率。

(5) 地方性优惠政策。如早在1997年杭州市创办高科技企业孵化基地时，就规定对通过资格审查进驻基地的企业提供免3年租费的办公场所，并给予一定的创业扶持资金。近年杭州市又提出建设“天堂硅谷”，把发展高科技作为重点工程来抓，与之相配套的措施是杭州市及各区县(市)均建立了“孵化基地”，为有发展前途的高科技人才提供免费的创业园地，并拨出数目相当可观的扶持资金。在全国各地许多地方都有类似的创业优惠和鼓励政策，如上海的张江高科技园区、北京的中关村高科技园区等。

6. 担保机构贷款

通常，创业者缺乏必要的经营记录、资产以及其他获得商业银行贷款的条件。如果创业者不能获得正常的商业银行贷款，则可以考虑通过中小企业信用担保机构来取得担保贷款。政府部门为促进当地小企业的发展，常常会通过一些金融机构来开展小企业基金担保贷款业务，以解决小企业融资“抵押无物、担保无人、告贷无门”的瓶颈问题。目前我国已经形成了以中小企业信用担保为主体的担保业和多层次中小企业信用担保体系，在国家税收优惠等政策的推动下，各类担保机构资本金稳步增加。

7. 风险投资

风险投资这种融资方式相对复杂，将在后面章节中进行详细介绍。

（二）融资渠道与创业过程的匹配

企业从创办到成熟赢利，大体上可分为种子期、创建期、成长期、扩张期和成熟期五个阶段。但企业不同发展阶段的资金需求性质是不同的，因此创业资本提供者应该根据创业企业所处的发展阶段及相应的资金需求特征提供相应的创业资源的组合。

1. 种子阶段

种子阶段基本上处于技术和产品的研究开发阶段，企业可能刚刚组建或正在筹建，基本上没有管理队伍，创业者主要是对科研项目进行大量系统反复的探索和试验研究，提出一些新创意或新技术、新发明，并进行新创意的商业化可行性研究论证。由于这一阶段研究的难度大，成果出现的时间不确定，商业目的不明确，在申请专利之前研究成果容易被外界所共享，因此这一阶段的投资成功率最低。研究试验中投入资金的风险较大，如果创新不成功或创新成果的商业性不强，则很可能前功尽弃，资金投入有去无回。因此种子期高科技企业吸引外部投资相对较难，但此阶段项目的资金需求量相对较小，一般来说投资者在研究开发阶段投入资金非常谨慎而且金额不高。这一阶段的主要投入形式为政府专项拨款、科研机构和大学的科研基金、社会捐赠和被称作天使投资者的个人创业投资家提供的资金。政府机构为鼓励缺乏研发基金的中小创业企业和缺乏资金的高科技个人发明创造，设立了孵化器、专项财政基金和其他形式的资金以资助这一阶段的创业企业，规范的纯粹商业化的创业投资机构基本不涉足对这一阶段创业企业的投资。

2. 创建阶段

这一阶段虽然总体的资金需求量较小，但是这时很大一部分资金用于购置实物资源，这些资源在没有实际消耗完以前一直能够保证相当强的偿还能力，因此此时市场风险成为主要风险。由于企业仍处于现金流出远大于现金流入的阶段，因此这一阶段高科技企业要想得到商业银行贷款极其困难，而且就创建不久的企业而言通过银行贷款融资形成的债务也是难以承担的沉重负担，在此阶段非赢利性的资金由于受相关限制而难以获取，而且即使获取了也有严格的使用计划限制，不足以满足此阶段需要应对的不确定性特别强的资金需求，而一些致力于战略性投资的投资主体乐于在此阶段介入。所以高科技企业在这一时期最好选择风险投资基金或风险投资公司以战略伙伴或以战略控股者的身份参股以获取相应的创业资本。在吸引投资时除了考察这些潜在投资者的资金实力和给出的投资条件外，要特别注重考察这些风险投资机构综合提供资金以外的资源的能力，例如提供管理经验、协助进行市场开发等方面的能力，从而降低创建期的风险。处于创建阶段的创业企业资金需求比种子阶段的资金需求大，但可能的投资回报风险也在下降。

3. 成长阶段

创业企业进入成长期后其发展潜力已初露端倪，其销售收入虽然增加，但费用也在不断增加。资金需求量较前两个时期有了大幅度的提高，企业必须在短时间内获得大量的资金以便迅速组织生产和销售以抢占市场。这阶段创业企业的资金需求量迅速上升但很难靠销售收入积累和贷款融资等方式解决资金需求，因此高科技企业的资金来源在这个阶段主要还是以风险投资或投资银行的投资为主。风险投资是处于快速成长期的创业企业最关键的融资渠道，创业企业在成长阶段的另一个融资备选方案是上市。通过国内外二板市场从资本市场上直接融资，二板市场或创业板对公司上市的要求比传统市场低得多，非常有利于发展初期的中小创业企业特别是高科技企业获得资金。

4. 扩张阶段

在这一阶段企业初步形成规模，希望建立稳定的销售渠道、扩大生产线、加大研究开发投入，进一步开拓市场、拓展其生产能力或服务能力，与此同时企业自我筹集资金的能力虽然已经大大提高但是相对于资金需求的大幅增长而言更显不足，因此扩张阶段的资金需求量达到自种子阶段以来的最高水平。为适应市场的大量需求，企业必须投入大量的厂房、设备材料和人力资源进行大批量生产。但该时期的投资风险相对最小，因为产品已受到市场欢迎并开始赢利，企业运作和管理基本顺畅，如果发展顺利，企业将在发展壮大后走向成熟并大量赢利，在这个承上启下的阶段资金流动速度较快，投资者可以快进快出，创业投资机构在这一阶段投入资金的态度最为积极；同时一些过去一度持观望态度的保守的投资机构和银行机构也开始积极介入。在这一阶段企业运营相对稳定，企业信誉和赢利能力也在不断提高，投资具有较高的安全性和收益性。具有良好发展实绩和前景的创业企业这一阶段在二板市场上市的成功率也会很高，因此，通过在二板市场上市筹集所需的创业资本也是一个十分理想的途径。

5. 成熟阶段

进入成熟期后企业已经赢利，风险投资者开始考虑撤出。对于创业企业来讲，这一阶段可以在投资银行的协助下在主板市场公开发行股票筹集资金，通过这一途径获取的资金既为企业进一步发展增添后劲拓宽运作的范围和规模，同时也为创业资本家的撤出创造了条件。在这一阶段，企业的市场规模已经达到相当的程度、各方面资源实力的积累已经比较丰厚，相应的企业运作已经进入了一个相对顺利的时期，这一时期创业资本或者选择退出该特定企业以寻求新的投资对象，或者是在原有企业内开拓新的创业领域进行新的投资，同时原来接受创业投资的创业企业逐渐转变成一个主要依靠常规资金市场筹集资金的企业，而且一部分企业会从原来接受创业资本投资变成新的创业资本市场的投资主体，至此，创业资本实现了一轮循环并且规模和实力实现了提升。当然，由于这一阶段的企业创业特征已经减退，运作已经常规化，因此，不是本书研究的主要内容。

（三）企业生命周期对大学生创业融资的影响

当企业处于生命周期的不同阶段时，其经营状态和将来可能遇到的问题是可以预见的。对企业所处的阶段进行充分研究，能够对症下药，未雨绸缪，为将来可能出现的问题早做准备措施，防止问题出现或降低问题出现的概率，尽量减少损失。企业的生命周期理论告诉我们，当企业处于不同的发展阶段时，资金需求和财务状况不同，因此应该依靠不同的融资制度进行资金融通。企业生命周期理论和企业成长阶段可以为大学生创业融资提供这样的启示：

(1) 创业融资时要紧紧抓住合适的时间和时机。Timmons 认为，健康的融资方式通常具有很强的时间敏感性，对创业成功至关重要的融资活动，往往具有时间短、节奏紧凑，融资行为容易波动、不稳定的特点，很容易就错过最佳的融资时机。因此大学生在进行创业时，要对融资时机做好准确和详细的分析，面临合适的机会要尽快出手，防止失去机会，影响创业的成功。

(2) 企业在不同的发展阶段，资金需求不同，因此会有不同的融资需求；而其发展状态，也会引来不同类型的投资机构和资金供给合约结构安排，企业的发展阶段和融资方式是一种相互影响、相互选择的关系(即“企业金融成长周期模型”)。这种关系模型告诉我们,大学生在进行创业融资时,要重视融资的动态性,注意不同融资方案的顺序,使得融资方式与发展阶段相适应。

(3) 企业的融资是一个长期、持续的阶段,不仅仅发生在企业的新创时期,还贯穿于企业的整个发展过程。对大学生而言,在创业过程中除了要不断关注企业的每一项管理经营活动外,还要一直保持融资的想法,以便寻找合适的机会,保证企业的持续运转。

第四节　风险投资

本节要点

风险投资的特征;国内风险投资概况;获取风险投资的方法;创业大学生在恰当的阶段选择恰当的融资方式。

股权融资是创业者用未来企业部分股权换取投资的一种融资方式,比如风险投资、私募资本和公开上市。近些年来,风险投资逐渐为创业者们所熟悉,许多在风险投资支持下成功发展的案例激发了无数创业者的激情。对于创业者来说,要想获得风险投资的资助,首先必须了解风险投资的运作过程、运作方式以及其他相关知识。

一、风险投资的特征

风险投资也叫作创业投资。按照《创业投资企业管理暂行办法》的规定,创业投资是指向创业企业进行股权投资,以期所投资创业企业发育成熟或相对成熟后主要通过股权转让获得资本增值收益的投资方式。风险投资者不仅投入资金,而且还用他们长期积累的经验、知识和信息网络帮助创业者更好地经营企业。因为这是一种主动的投资方式,所以由风险资本支持而发展起来的公司的发展速度要远高于普通同类公司。通过将增值后的企业以上市、并购等形式出售,风险投资者得到高额的投资回报。它是一种高风险与高收益机会并存的投资。风险投资属于直接融资、长期融资、外部融资、股权融资等创业融资方式。风险投资具有以下基本特征:

(1) 风险投资者分担创业者的风险。风险投资运用的是风险资本,风险和利润总是成正比的。对于投资人来讲,将数额巨大的资金投入一个没有经过证明的创业企业,确实要承担巨大的商业风险。对创业者来说,风险投资其实是最没有风险的，风险已经由具有背景和实力的投资方分担。

（2）风险投资者的目的是追求高额的投资回报。风险投资者要求极大的回报，风险投资看中的是利润的最大化，一旦企业发展，风险资本立即寻求退出。风险投资中途退出是因为风险投资考虑的是利润的最大化。投资的目的不在于获取近期财务利润，而在于当投资对象的市场评价较高时，风险投资者会撤出资本，通过上市、收购兼并或股权转让方式，一次性地为投资者带来尽可能多的市场回报，即取得中长期资本利润，实现高额的投资回报。

（3）风险投资对象多为处于正准备成立的企业或创业初期的中小企业，多为高科技企业。在企业创立前后，或者在产品研发阶段和市场前期进入，急需资金的紧要关头，获得风险投资是一条非常重要的融资渠道，利用风险投资，新创企业可以实现快速启动。那些力图开辟新的技术领域以获取超高额利润但又缺乏大量资金的企业尤其能获得风险投资的青睐。

（4）风险投资具有期限性。风险投资期限至少在3～5年以上，风险投资进入、退出企业的四个阶段是种子期、萌芽期、成熟期、衰退期。风险投资一般在创业早期（种子期和萌芽期）进入，创业成功后（成熟期和衰退期）通过转让股权等方式退出，从而实现收益。

（5）风险投资决策具有高度专业化和程序化。由于风险投资者将分担创业者的风险，因此风险投资公司对项目的筛选是极其严格的，需要有一系列的调研程序和进行市场可行性调查。创业者为了获得风险投资，需要认真准备细致的书面创业计划，并做好陈述准备。

（6）风险投资者享有股权，参与企业经营管理。投资方式一般为股权投资，通常占被投资企业15％～20％的股权，而不要求取得控股权，也不需要任何担保或抵押。风险投资者一般积极参与被投资企业的经营管理，与新创企业收益共享、风险共担。风险投资者与创业企业管理层的关系如图6-2所示。

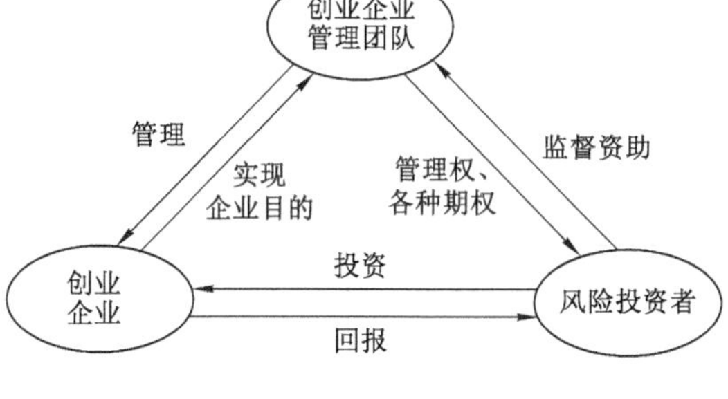

图6-2 风险投资者与创业管理层的关系

风险投资不只是一种单纯的投资行为，而是集资本融通、创业管理服务等诸多因素于一体的综合性经济活动。投资后风险投资机构一般要通过参加董事会、派驻财务人员和高层管理人员等方式对投资项目进行项目监管，为新创企业提供增值服务。除了创业初期的创业融资外，一般也会对企业以后各发展阶段的融资需求予以满足。

二、国内风险投资概况

风险投资在我国已经经历过较长时间的引进及成长期，在政策制度和操作方面，应该说是较为成熟的一种融资方式。

1. 创业风险资本

在国外，风险投资完全是商业化运作，主要利用民间资本。风险投资的资本来源或构成基本上有以下几个方面：富有的个人，大型企业，银行等金融机构，政府部门，基金会或捐赠基金，养老金，保险公司，其他具有较强风险鉴别能力和承受能力的投资者。

在我国，为大力支持高科技中小企业的发展，国家特别拨出了一部分资金作为创业风险资本。经过多年发展，中国的创业资本结构日趋多元化，包括政府创业资本、国内企业创业资本（简称民间资本）、外商创业资本、金融机构（包括银行、证券机构、保险公司和信托投资机构等）创业资本和其他类型创业资本。20世纪80年代初以来，随着银行、保险等金融机构风险管理水平的提高和政府对金融管制的放松，保险公司、商业银行、投资银行等金融机构以及外商资本开始日益成为风险投资基金的主要资本来源。不少外商资本也开始大规模介入风险投资领域。外商资本是外国投资者以及我国香港、澳门和台湾地区投资者投入的资本，对于新创企业而言，外商资本主要来自风险投资机构。

2. 风险投资机构

按照《创业投资企业管理暂行办法》的规定，创业投资企业是指在中华人民共和国境内注册设立的主要从事创业投资的组织。国家对创业投资企业实行备案管理。风险投资企业应当接受创业投资企业管理部门的监管，投资运作符合有关规定的可享受政策扶持。

根据出资人的性质和出资比例，中国目前的风险投资机构性质主要可分为以下四种类型：① 国有独资的风险投资机构，其资本基本上是由地方财政直接提供或经由国家独资公司安排。② 政府参股的风险投资机构，其资本一部分由地方财政直接提供或经由国有独资公司安排；另一部分由国内其他机构、自然人提供。③ 国内企业设立的风险投资机构，其资本全部由国有企业（国有独资公司除外）、金融机构、国内其他机构和自然人提供。④ 外国独资或合资的风险投资机构，包括在境外注册、在境内开展业务的机构。长期以来，由于中国风险投资依据的政策与国外普遍采取的政策之间兼容性较差，因此在国内开展业务的外资风险投资机构一般不在国内直接设立风险投资机构，而是采取在境外注册、在境内设立办事机构的方式运作，投资方式以间接投资为主。在投资区域上，风险投资机构和资本集中在经济比较发达的地区，如上海、深圳、浙江、江苏、北京等地。

据有关部门统计，风险投资机构近几年在国内的投资活跃起来。表 6-1 显示了国内一些著名的投资机构和近几年的案例，涉及互联网、能源、连锁经营等多领域。

表 6-1　　部分风险投资机构与投资案例

部分风险投资机构（排名不分大小）	投资案例
软银赛富 SAIF	神州数码、富客斯百货
今日资本 Today	土豆网、真功夫快餐
日本亚洲 JAIC	饭统网、博客大巴
汇丰直投 HSBC	炎黄健康传媒、永辉集团
高盛 Goldman Sachs	天骏传媒、皇明太阳能
深圳市创新投资	好想你枣业、乐视网
华平投资 Warburg Pincus	绿城集团、汇源果汁、国美电器
凯雷集团 Carlyle	太平洋保险、ZCOM 电子杂志
IDG 技术创业投资基金	神州数码、迅雷在线
老虎基金 Tiger Management	互力健康传媒、古杉环保
英特尔投资 Intel Capital	蓝汛、凌汛科技、东软集团

3. 风险投资的行业与阶段

从风险投资项目的行业分布看，国内的风险投资最为集中的五个行业是新材料工业、IT 服务业、农业、医药保健和通信，这些行业一般都具有良好的增长前景，而且也是目前国内外整个行业投资的重点。通信、农业等其他行业的风险投资项目所占比例相对较小。

从主要行业的风险投资阶段分布看，风险投资对医药保健、生物科技等行业的投资主要集中在种子阶段，这样的分布与这些行业的成长特点密不可分。首先，这些行业产业化过程特别是中后期需要的投资规模相当大，风险投资机构有限的投资规模很难满足其需要。其次，这些行业进入门槛较高，与软件等进入门槛较低的行业相比，企业数量少，稍具规模的企业必须成为众多投资机构趋之若鹜的对象，而投资能力相对有限的风险投资机构很难与上市公司或其他专业性投资公司竞争，因此，要想进入这些行业，风险投资机构必须从早期阶段就开始参与企业的培育。

对于软件、计算机硬件、通信和一般信息产业，风险投资主要集中在萌芽阶段，这种分布也与这些行业的发展特点有关。首先，这些行业的进入门槛较低，孕育的企业数量较大。由于基数大，发展到一定规模的企业相对来说也比较多，因此风险投资机构可以从容地寻找到其满意的投资对象。而处于萌芽阶段的企业，其资本需求量与风险投资的资本供给规模正好相当，所以针对这些行业风险投资多选择萌芽阶段的项目。

总之，从不同行业风险投资的阶段分布考查，风险投资主要集中在特定行业技术风险、市场风险相对较小的阶段，由此反映出目前在我国风险投资具有承担风险意识较弱或风险规避意识较强的特点，这也是风险投资机构根据目前我国的市场和政策环境所作出的一种适应性选择。

4. 影响风险投资决策的要素

影响风险投资决策的因素有很多，包括技术（产品或服务）、管理能力、市场前景、财务分析、投资风险与回报等多方面，这些因素相互交织在一起，共同影响着项目决策过程。

根据我国的风险投资年度发展报告的调查，“市场前景”、“管理团队”和“主要投资项目的技术先进性和成熟度”是影响中国风险投资机构项目决策的最主要因素。其中，市场前景的好坏或者是否可预测是进行投资决策时所考虑的首要因素；管理团队的水平是项目实施成功与否的关键；技术先进性和成熟性与否是重要因素。

上述调查表明，中国风险投资机构主要关注的是一些市场前景好的项目。这一调查结果与国外风险投资机构的选择有所不同。国外风险投资机构在选择被投资对象时，依次考虑管理、市场和技术三个因素，而中国则把市场因素作为最重要的考虑因素。这一选择或许是因为，与发达国家规范的市场相比，中国市场环境还很不完善，相对无序的市场竞争和相对较高的准入门槛，导致市场开拓难度很大。因此，风险投资机构在进行投资决策时，把市场前景作为首要考虑因素。

三、获得风险投资的方法

创业者确定了创业计划并打算向风险投资机构融资时，首先要了解风险投资机构的运作过程，掌握风险投资的基本特性，排除对风险投资机构不信任的主观臆断,然后着手寻求风险投资机构的资助。

1. 寻找风险投资机构

创业者寻找风险投资机构与风险投资机构寻求投资项目是一个双向选择的过程。创业者可以通过朋友或中介机构介绍、利用互联网查询、参与商贸洽谈会等方式与风险投资机构进行联系,从而建立广泛的商业信息渠道。目前不少风险投资机构都非常注重公司形象和社会知名度,并建有自己的网站,以方便与创业者联系。

在我国,由于风险投资机构考查项目的自我判断力还处于培养过程中,加之社会信用机制不完善,因此朋友和中介机构介绍这两种渠道占有相当重要的地位。同时,由于市场机制不健全,政府在全社会资源配置中的作用依然较强,因此寻求政府有关部门推荐也是一个好办法。根据中国风险投资发展报告,风险投资机构项目信息来源的主要渠道分别为项目主动联系、政府主管部门推荐、项目中介机构以及朋友推荐等。创业者可以向当地风险投资协会了解有关风险投资机构的信息。

2. 演示创业计划

演示创业计划是创业者展示自己能力的大好机会,同时也是风险投资者考查创业者的关键阶段。尽管项目好坏才是风险投资者考虑的主要方面,但是大多数情况下,风险投资者不会将资本交给一个连自己创意都表达不清楚的人。

首先,创业者要事前做好充分准备,包括推测对方可能提出的问题、如何应对展示期间可能出现的意外以及确定展示的重点等。其次,在演示开始前可以声明演示过程允许双向交流,以带动投资者参与的积极性,千万不要与投资者发生争执。再次,在演示过程中,应该保持条理清晰,演示内容要有针对性,突出市场前景以吸引投资者的注意力。如果没有特殊要求,演示者不要过分强调技术因素或故意使技术环节复杂化。

3. 风险投资谈判

风险投资谈判是风险投资的一个重要环节。对于通过初步审查的创业项目,下一步就是与创业者进行直接交流。因为创业者的素质是决定创业能否成功的关键,所以风险投资者必须与创业者进行谈判,以达到对创业者和创业计划充分考查的目的。通过谈判需要了解的内容主要包括:面对面地考查创业者的综合素质;根据审查创业计划的情况,核实创业项目的主要事项;了解创业者愿意接受何种投资方式和退出途径,投资者能以何种程度参与企业决策与监控。

4. 签订风险投资合同

当风险投资者确定对某项目进行投资、完成投资安排与价值评估之后,接下来的工作便是依据投资安排与被投资企业签署投资合同，将设计好的投资安排落实到具体的法律文件中。对于不同种类的投资安排，所签署的风险投资合同各不相同，但是就共同点而言，一个风险投资合同都应具备如下基本内容：① 新创企业的经营指标与发展方向；② 投资条件、投资方式以及持股比例与价格；③ 风险投资方参与企业管理的程度与范围，以及创业者应履行的义务；④ 风险投资方转让所持创业企业股权的时机、方式与价格；⑤ 双方违约的处理方式；⑥ 其他双方认为需要写入的内容。

第七章　大学生创业企业的类型及组织形式

学习目标

通过本章的学习，使大学生了解新创企业的法律组织形式、注册登记流程、运营相关的法律规定以及承担的社会责任；让大学生在创业过程中既不触犯法律，又能有效利用法律手段来保护企业的健康发展。

第一节　新创企业的法律组织形式

本节要点

认识个人独资企业、合伙企业、有限责任公司和股份有限公司四种常见的企业法律组织形式，了解其区别及各自优劣势，并能选择最适合创业企业发展的法律组织形式。

一、企业法律组织形式的比较

在创建新企业之前，创业者应该事先确定企业的法律组织形式。一个新创企业可以选择不同的组织形式，或者由个体独立创办单一业主制企业和一人有限责任公司，或者由几个人创办合伙制企业，或者成立法人公司制企业。如表7-1所示，各种法律组织形式没有绝对的好坏之分，对创业者来说各有利弊，但无论选择哪种形式，都必须根据国家的法律法规要求和新创企业的实际情况，科学衡量各种组织形式的利弊，决定合适的组织形式。按照我国《个人独资企业法》、《合伙企业法》和《公司法》有关法律条款的规定，新创企业可选择的组织形式有个人独资企业、合伙企业、有限责任公司和股份有限公司。对个人创业者来说，一般采取个人独资企业和合伙企业的形式；当企业发展到一定规模，就可能改组为公司制企业的形式。

1. 个人独资企业

个人独资企业是最古老也是最常见的企业法律组织形式。个人独资企业又称个人业主制企业，是指依法设立，由一个自然人投资并承担无限连带责任，财

表 7-1　　各种企业组织形式的优劣比较

项目	优　势	劣　势
个人独资企业	企业设立手续非常简便，且费用低	创业者承担无限责任
	所有者拥有企业控制权	企业成功过多依赖创业者个人
	可以迅速对市场变化作出反应	筹资困难
	只需交纳个人所得税，无须双重课税	企业随着创业者退出而消亡，寿命有限
	在技术和经营方面易于保密	创业者投资的流动性低
合伙企业	创办比较简单、费用低	合伙创业人承担无限责任
	经营比较灵活	企业绩效依赖合伙人的能力，企业规模受限
	企业拥有更多人的技能和能力	企业往往因关键合伙人死亡或退出而解散
	资金来源较广，信用度较高	合伙人的投资流动性低，产权转让困难
有限责任公司	创业股东只承担有限责任，风险小	创立的程序比较复杂，创立费用较高
	公司具有独立寿命，易于存续	存在双重纳税问题，税收负担较重
	可以吸纳多个投资人，促进资本集中	不能公开发行股票，筹集资金的规模受限
	多元化产权结构有利于决策科学化	产权不能充分流动，资产运作受限
股份有限公司	创业股东只承担有限责任，风险小	创立的程序复杂，创立费用高
	筹资能力强	存在双重纳税问题，税收负担较重
	公司具有独立寿命，易于存续	要定期报告公司的经营情况

产为投资者个人所有的经营实体。当个人独资企业财产不足以清偿债务时，选择这种企业形式的创业者须依法以其个人其他财产予以清偿。在各类企业当中，个人独资企业的创设条件最简单。根据我国《个人独资企业法》，只要满足以下五个条件，就可以申请设立个人独资企业：① 投资人为一个自然人；② 有合法的企业名称；③ 有投资人申报的出资，国家对其注册资金实行申报制，没有最低限额；④ 有固定的生产经营场所和必要的生产经营条件；⑤ 有必要的从业人员。个人独资企业成功与否依赖于所有者个人的技能和能力。当然，所有者也可以雇用那些有其他技能和能力的员工。

2. 合伙企业

如果两个或两个以上的人共同创业，那么可以选择合伙制作为新企业的法律组织形式。根据我国《合伙企业法》，合伙企业是指依法在中国境内设立的由各合伙人订立合伙协议，共同出资、合伙经营、共享收益、共担风险，并对合伙企业债务承担无限连带责任的营利性组织。合伙企业包括普通合伙企业和有限合伙企业两种形式。两者最大的区别在于有限合伙企业有两种不同的所有者：普通合伙人和有限合伙人。其中，普通合伙人对合伙企业的债务和义务负责，而有限合伙人仅以投资额为限承担有限责任，但后者一般不享有对组织的控制权。另外，普通合伙企业合伙人可以用货币、实物、知识产权、土地使用权或者其他财产权利出资，也可以用劳务出资，但有限合伙企业的有限合伙人不得以劳务出资。以下主要介绍普通合伙企业。

除了要有合伙企业名称、经营场所以及从事合伙经营的必要条件之外，设立合伙企业还应当具备以下几个条件：① 合伙企业必须有两个以上合伙人，合伙人应当具备完全民事行为能力，且能够依法承担无限责任；② 合伙人应当遵循自愿、平等、公平、诚实信用原则订立合伙协议，合伙协议应载明合伙企业的名称、地点、经营范围、合伙人出资额和权责情况等基本事项；③ 合伙人应当按照合伙协议约定的出资方式、数额和缴付出资的期限，履行出资义务。合伙人出资可以用货币、实物、土地使用权、知识产权或者其他财产权利；上述出资应当是合伙人的合法财产及财产权利。合伙人也可以用劳务出资，其评估办法由全体合伙人协商确定。

3. 有限责任公司和股份有限公司

公司是现代社会中最主要的企业形式。它是以营利为目的，由股东出资形成，拥有独立的财产，享有法人财产权，独立从事生产经营活动，依法享有民事权利，承担民事责任，并以其全部财产对公司的债务承担责任的企业法人。所有权与经营权分离是公司制的重要产权基础。与传统“两权合一”的业主制、合伙制相比，创业者选择公司制作为企业组织形式的一个最大特点就是仅以其所持股份或出资额为限对公司承担有限责任。另一个特点是存在双重纳税问题，即公司赢利要上缴公司所得税，创业者作为股东还要上缴企业投资所得税或个人所得税。根据我国《公司法》的规定，我国的公司分为有限责任公司（包括一人有限责任公司）和股份有限公司两种类型。

有限责任公司的股东以其认缴的出资额为限对公司承担责任，公司以其全部资产对公司的债务承担责任。创业者设立有限责任公司，除了要有固定的生产经营场所和必要的生产经营条件之外，还应当具备下列条件：① 股东符合法定人数。根据我国《公司法》第二十四条规定：有限责任公司由五十个以下股东出资设立。需要说明的是，一人有限责任公司是在 2005 年 10 月 27 日第十届全国人大常委会第十八次会议通过的新的《公司法》中加入的。② 有符合公司章程规定的全体股东认缴的出资额。一般情况下，有限责任公司注册资本的最低限额为人民币三万元，而一人有限责任公司的注册资本最低限额为人民币十万元。法律、行政法规对有限责任公司注册资本的最低限额有较高规定的，从其规定。股东可以用货币出资，也可以用实物、知识产权、土地使用权等可以用货币估价并可以依法转让的非货币财产作价出资，但是法律、行政法规规定不得作为出资的财产除外。全体股东的货币出资金额不得低于有限责任公司注册资本的百分之三十。③ 股东共同制定公司章程。法律对有限责任公司章程有明确的要求，要求应当载明的事项包括：公司名称和住所；公司经营范围；公司注册资本；股东的姓名或者名称；股东的权利和义务；股东的出资方式和出资额；股东转让出资的条件；公司的机构及其产生办法、职权、议事规则；公司的法定代表人；公司的解散事由与清算办法；股东认为需要规定的其他事项。④ 有公司名称，建立符合有限责任公司要求的组织机构。

股份有限公司，其全部资本分为等额股份，股东以其认购的股份为限对公司承担责任，公司以其全部资产对公司的债务承担责任。设立股份有限公司要有公司名称，要建立符合股份有限公司要求的组织机构，有固定的生产经营场所以及必要的生产经营条件，股份发行、筹办事项要符合法律规定。除此之外，根据我国《公司法》规定还应当具备下列条件：① 发起人符合法定人数。设立股份有限公司，应当有二人以上二百人以下为发起人，其中须有半数以上的发起人在中国境内有住所。② 有符合公司章程规定的全体发起人认购的股本总额或者募集的实收股本总额。股份有限公司的注册资本为在公司登记机关登记的全体发起人认购的股本总额。公司全体发起人的首次出资额不得低于注册资本的百分之二十。股份有限公司注册资本的最低限额为人民币五百万元，法律、行政法规对股份有限公司注册资本的最低限额有较高规定的，从其规定。③ 股份发行、筹办事项符合法律规定。④ 发起人制定公司章程，采用募集方式设立的经创立大会通过。

表 7-2　　创业公司类型比较

项目	个人独资企业	合伙企业	股份有限公司	有限责任公司
法律依据	个人独资企业法	合伙企业法	公司法	公司法
法律基础	无章程或协议	合伙协议	公司章程	公司章程
法律地位	非法人经营主体	非法人营利性组织	企业法人	企业法人
责任形式	无限责任	无限连带责任	有限责任	有限责任
投资者	完全民事行为能力的自然人，法律、行政法规禁止从事营利性活动的人除外	完全民事行为能力的自然人，法律、行政法规禁止从事营利性活动的人除外	无特别要求，法人、自然人皆可	无特别要求，法人、自然人皆可

续表 7-2

项目	个人独资企业	合伙企业	股份有限公司	有限责任公司
注册资本	投资者申报	协议约定	500 万元人民币	3 万元人民币
出资	投资者申报	约定：货币、实物、土地使用权、知识产权或者其他财产权利、劳务	法定：货币、实物、知识产权、土地使用权	法定：货币、实物、知识产权、土地使用权
组建企业的成本与难易	成本低，易建立	成本低，易建立	成本高，建立复杂	成本高，建立相对容易
财产权性质	投资者个人所有	合伙人共有	法人财产权	法人财产权
出资转让	可继承	一致同意	完全转让	股东过半数同意
经营主体	投资者及其委托人	合伙人共同经营	股东不一定参加经营	股东不一定参加经营
事务决定权	投资者个人	全体合伙人或从约定	股东大会	股东会
利亏分担	投资者个人	约定，未约定则均分	投资比例	投资比例
解散程序	注销	注销	注销并公告	注销并公告
解散后义务	5 年内承担责任	5 年内承担责任	无	无

二、创业者对企业法律组织形式的选择

许多创业者认定，新企业采用的最佳所有权形式是常规的有限责任公司。然而，实际上情况并非如此简单。许多其他法律形式，如合伙企业、个人独资企业、一人有限责任公司、股份有限公司等，也非常受欢迎地存在于经济活动中。在这些形式中进行选择，依赖于创业者想达到的目标以及这些形式的何种特点对创业者更重要。在这些企业法律形式中，哪个最适合你的新企业呢？为了在决策方面得到训练，巴隆和谢恩提出需要回答下列问题：

(1) 创业者(投资者)有多少人？

(2) 承担有限责任对你很重要吗？例如，如果你有许多个人财产，这对你可能比较重要；而如果你没有什么个人财产，承担有限责任对你可能就不太重要。

(3) 所有权的可转让性是重要还是不重要？

(4) 你预料过你的新企业可能支付股利吗？如果想过，这些股利承受双重征税对你有多重要？

(5) 如果你决定离开企业，你会担心自己不在的时候企业能否持续经营下

去吗?

(6) 保持较低的企业创办成本对你有多重要?

(7) 在将来,筹集企业所需追加资金的能力有多重要?

创业者可以在回答上述问题的基础上,不考虑那些确实不能满足你的目标和要求的企业法律组织形式,然后依据其余企业法律形式特点与目标接近的程度,在这些形式中进行选择。

第二节　新创企业的注册登记流程

本节要点

掌握新创企业的注册登记流程,包括名称设计、工商注册的条件及程序、税务及其他登记。

设立企业从事经营活动,必须到工商行政管理部门办理登记手续,领取营业执照,如果从事特定行业的经营活动,还须事先取得相关主管部门的批准文件。创业者需要了解《企业登记管理条例》、《公司登记管理条例》等工商管理法规、规章。设立特定行业的企业,还有必要了解有关开发区、高科技园区、软件园区(基地)等方面的法规、规章及有关地方规定,这样有助于选择创业地点,以享受税收等优惠政策。

我国实行法定注册资本制,如果创业者不是以货币资金出资,而是以实物、知识产权等无形资产或股权、债权等出资,创业者还需要了解有关出资、资产评估等法规规定。

企业设立后,需要税务登记,需要会计人员处理财务,这其中涉及税法和财务制度。创业者需要了解企业需要缴纳哪些税,如营业税、增值税、所得税等等;需要了解哪些支出可以进成本,开办费、固定资产怎么摊销等等;需要聘用员工,这其中涉及劳动法和社会保险问题;需要了解劳动合同、试用期、服务期、商业秘密、竞业禁止、工伤、养老金、住房公积金、医疗保险、失业保险等诸多规定。

下面就新创企业注册的主要环节加以介绍。

一、新创企业名称设计

创业者在企业正式成立之前,必须进行企业名称设计,这是新创企业注册的第一步。

企业名称,通常是该类产品某一企业的专有名称,是用文字形式表示一个企业区别于其他企业或组织的特定标志，也曾被俗称为“厂牌”。企业名称一般由以下四部分依次组成：企业所在地行政区划名称、字号（商号）、行业（或经营）特点、组织形式，如上海能源股份有限公司、江苏绿健乳业有限公司。企业只准使用一个名称，在某一个工商行政管理局辖区内，冠以同一行政区划名称的企业不得与登记注册的同行业企业名称相同或近似。

我国在公司登记工作中实行公司名称预先核准制。申请公司名称预先核准时，应由创建公司的代表或其委托的代表人向登记主管部门提出名称预先核准的申请，并提交如下文件：

① 有限责任公司的全体股东或者股份有限公司的全体发起人签署的公司名称预先核准申请书；

② 股东或发起人的法人资格证明或者自然人的身份证明；

③ 公司登记机关要求提交的其他文件。

设立股份有限公司，由全体发起人指定的代表或者共同委托的代理人向工商行政管理局申请名称预先核准；设立有限责任公司由全体股东指定的代表或者共同委托的代理人向工商行政管理局申请名称预先核准。

非股份有限公司或者有限责任公司，企业名称不得称公司。非公司的企业称谓很多，如厂、店、楼、厦、行、社、中心、局、处、所、城、汇等。对非公司法人企业名称的核准，程序上没有专门规定，一般随投资人向工商行政管理局提交的设立法人企业的申请一并进行。

企业名称核准后，企业名称要遵照《企业名称登记管理规定》和《企业名称登记管理实施办法》，到工商行政管理部门申请注册，非经工商行政管理机关核准的企业名称不受法律保护。国家工商行政管理局和地方各级工商行政管理局是企业名称的登记管理机关，登记主管机关依照《中华人民共和国企业法人登记管理条例》，对企业名称实行分级登记管理。凡使用“中国”、“中华”、“国家”、“全国”、“国际”，或者不冠以企业所在地行政区划名称的企业名称，须经国家工商行政管理局核准。外商投资企业名称，由国家工商行政管理局核定。

二、新创企业工商注册

1. 工商注册的基本条件

企业法人申请开业登记程序是指有关法律、规章所规定的企业法人申请开业登记应遵循的步骤和过程，它有两个基本要求。

（1）开业者要符合国家规定的开业条件。根据《中华人民共和国企业法人登记管理条例实施细则》的规定，申请企业法人登记时，应具备下列条件：

① 有符合规定的名称和章程；

② 有国家授予的企业经营管理的财产或者企业所有的财产，并能够以其财产独立承担民事责任；

③ 有与生产经营规模相适应的经营管理机构、财务机构、劳动组织以及法律或者章程规定必须建立的其他机构；

④ 有必要的并与经营范围相适应的经营场所和设施；

⑤ 有与生产经营规模和业务相适应的从业人员，其中专职人员不得少于8人；

⑥ 有健全的财会制度，能够实行独立核算，自负盈亏，独立编制资金平衡表或者资产负债表；

⑦ 有符合规定数额并与经营范围相适应的注册资金，国家对企业注册资金数额有专项规定的按规定执行；

⑧ 有符合国家法律、法规和政策规定的经营范围；

⑨ 法律、法规规定的其他条件。

不具备企业法人条件的企业和经营单位，应当申请营业登记。申请营业登记，应当具备下列条件：

① 有符合规定的名称；

② 有固定的经营场所和设施；

③ 有相应的管理机构和负责人；

④ 有经营活动所需要的资金和从业人员；

⑤ 有符合规定的经营范围；

⑥ 有相应的财务核算制度。

(2) 要备齐以下法律文件，包括企业筹建人签署的申请登记书、政府部门或主管部门的批文、企业章程和企业主要负责人的名单和身份证明(并附照片)。

2. 工商注册的基本程序

(1) 领取并填写工商注册登记表，提交相关文件、资料，办理入资、验资手续，经登记主管机关受理、审查、核准、发照的环节之后，领取工商营业执照。营业执照分为正副两种文本，正本为悬挂式，用于企业亮证经营；副本为折叠式，用于携带外出进行经营活动。创业者如果需要进行基本建设，还需向工商局申请筹建登记并领取筹建许可证。

(2) 进行企业代码登记，刻公章，开设银行账户。

(3) 创业者要分别到国税局和地税局领取并填写“申请税务登记报告书”，领取税务登记证和各种发票。此项工作必须在领取营业执照之日起 30 日内完成。

(4) 办理各种社会保险统筹及就业证。

3. 各类企业的注册程序

上面介绍的只是一般的企业登记程序，企业法律形式不同，开业登记需要的手续也不相同。

(1) 独资企业的注册。申请设立个人独资企业，可以由投资人或者其委托的代理人向个人独资企业所在地的登记机关提交设立申请书、投资人身份证明、生产经营场所使用证明等文件。委托代理人申请设立登记时，应当出具投资人的委托书和代理的合法证明；国家工商行政管理局规定提交的其他文件。

(2) 合伙企业的注册。申请设立合伙企业，应当由全体合伙人指定的代表或者共同委托的代理人向企业登记机关提交登记申请书、合伙协议书、合伙人身份证明、验资报告、出资权属证明等文件（法律、行政法规规定须报经有关部门审批的，应当在申请设立登记时提交批准文件）。合伙企业确定执行合伙企业事务的合伙人或者设立分支机构的，登记事项还应当包括执行合伙企业事务的合伙人或者分支机构的情况。合伙企业设立分支机构，应当向分支机构所在地的企业登记机关申请登记，领取营业执照。合伙企业的营业执照签发之日，为合伙企业的成立日期。合伙企业领取营业执照前，合伙人不得以合伙企业名义从事经营活动。

(3) 有限责任公司的注册。申请设立有限责任公司，应提交下列文件：

① 公司董事长签署的公司设立登记申请书；

② 全体股东指定代表或共同委托代理人的证明；

③ 公司章程；

④ 具有法定资格的验资机构出具的验资证明；

⑤ 股东的法人资格证明或自然人身份证明；

⑥ 载明公司董事、监事、经理的姓名、住所的文件以及有关委派、选举或聘用的证明；

⑦ 公司法定代表人任职文件和身份证明；

⑧ 企业名称预先核准通知书；

⑨ 公司住所证明；

⑩ 公司申请登记的经营范围中有法律、行政法规规定必须报经审批的项目的，应当在申请登记前报经国家有关部门审批，并向公司登记机关提交批准文件。

除上述必备文件外，还应提交打印的股东名录和董事、经理、监事名录各一份。根据规定的程序，提交申请材料，领取“受理通知书”，缴纳登记费并领取执照。

(4) 股份有限公司的注册。申请设立股份有限公司，应当提交下列文件：

① 公司董事长签署的设立登记申请书；

② 国务院授权部门或者省、自治区、直辖市人民政府的批准文件，募集设立的股份有限公司应当提交国务院证券管理部门的批准文件；

③ 创立大会的会议记录；

④ 公司章程；

⑤ 筹办公司的财务审计报告；

⑥ 具有法定资格的验资机构出具的验资证明；

⑦ 发起人的法人资格证明或者自然人身份证明；

⑧ 载明公司董事、监事、经理的姓名、住所的文件以及有关委派、选举或聘用的证明；

⑨ 公司法定代表人任职文件和身份证明；

⑩ 企业名称预先核准通知书；

⑪ 公司住所证明。

另外，公司申请登记的经营范围中有法律、行政法规规定必须报经审批项目的，应当在申请登记前报经国家有关部门审批，并向公司登记机关提交批准文件。

领取了工商执照就标志着新企业已经诞生了。但新办企业要真正开始经营，还需要办理许多相关手续，通常需要办理刻章、组织机构代码证书、税务登记、银行开户、发票审批等。

三、新创企业税务及其他登记

1. 税务登记

新创企业注册后应当向主管国家税务机关申报办理税务登记。税务登记程序如下：

(1) 持工商行政管理部门核发的营业执照到国家技术监督部门办理企业统一代码证书(个体工商户免办代码证书)。

(2) 自领取营业执照30日内主动向税务机关提出办理税务登记书面报告，即填写“申请税务登记报告书”。

(3) 根据《中华人民共和国税收征收管理法实施细则》的规定，提供相应有关证件和资料：

① 营业执照(复印件)；

② 有关合同、章程、协议书；

③ 企业代码证书；

④ 银行账号证明；

⑤ 居民身份证(复印件)、护照或者其他合法证件；

⑥ 税务机关要求提供的其他有关证件、资料。

(4) 如实填写"税务登记表"。

(5) 税务机关审核后发给税务登记证，纳税人凭税务登记证办理以下税务事项：

① 申请办理减税、免税、退税；

② 申请办理外出经营税收管理证明；

③ 领购发票；

④ 申请办理税务机关规定的其他有关税务事项。

如果税务登记内容发生变化，企业还要办理变更登记手续。

2. 银行开户

企业可以在银行申请基本存款账户、一般存款、临时存款、专用存款账户。基本存款账户是企业办理日常结算和现金收付的账户，企业的工资和资金等现金的支取，只能通过基本存款账户办理。企业的基本存款账户只能选择一家银行的一个营业机构开立，不得在多家银行机构开立。

3. 企业代码

新创企业在办理工商注册登记之后，再到技术监督部门办理组织机构代码证书。申请企业组织机构代码证书应提交的文本有：企业营业执照原件(正本、副本均可)(核对)、企业营业执照复印本(正本、副本均可)(备案)、法定代表人(负责人)和经办人身份证复印件、申报表等。

4. 保险登记

根据《社会保险费征缴暂行条例》，新创企业注册后还必须办理社会保险。我国社会保险包括基本养老保险费、基本医疗保险费、失业保险费。根据《社会保险登记管理暂行办法》，从事生产经营的缴费单位自领取营业执照之日起30日内、非生产经营性单位自成立之日起30日内，应当向当地社会保险经办机构申请办理社会保险登记。跨地区的缴费单位，其社会保险登记地由相关地区协商确定。意见不一致时，由上一级社会保险经办机构确定登记地。缴费单位具有异地分支机构的，分支机构一般应当作为独立的缴费单位，向其所在地的社会保险经办机构单独申请办理社会保险登记。

第三节　新创企业运营相关的法律规定

本节要点

了解与创业相关的法律法规与政策，树立知识产权保护意识，了解劳动保护条例，使创业者以法律法规规范其投资、经营和管理行为。

市场经济从某种意义上讲就是法制经济，创业、投资离不开法律政策的引导、保障和规范。创业者如能了解一些常用法律及政策，以法律规范其投资、经营和管理行为，将会大有裨益；反之，则可能会走很多弯路，或者权益得不到保障，或者纠纷不断，或者受到行政处罚甚至被追究刑事责任。我国的法律及政策法规数量众多，创业者不可能熟悉所有这些法规，但熟悉或了解其中一些与创业相关的最重要的法律却是非常必要的。

与创业相关的法律法规大体可以分为三类：

第一类是涉及主体身份、调整平等主体之间的关系的主体法和程序法。这类法律法规包括：《中华人民共和国民法通则》、《中华人民共和国公司法》、《中华人民共和国合伙企业法》、《中华人民共和国个人独资企业法》、《中华人民共和国中小企业促进法》以及《中华人民共和国公司登记管理条例》、《中华人民共和国企业法人登记管理条例》等，这些法律法规规定了创业者参与经济生活的各种不同主体身份，以及各自的权利、义务。

第二类是涉及企业运营和对于企业运行进行规范、管理的法律法规。创业者应该了解的有：《中华人民共和国票据法》、《中华人民共和国消费者权益保护法》、《中华人民共和国合同法》、《中华人民共和国劳动法》、《中华人民共和国担保法》、《中华人民共和国著作权法》、《中华人民共和国商标法》、《中华人民共和国专利法》等。其中劳动法、合同法、担保法以及涉及知识产权内容法律是尤其重要的。

第三类是涉及税收法律法规。对于创业者而言，比较重要的税收法律法规有流转税法（增值税、营业税和消费税）和所得税法（个人所得税和企业所得税）。

第一类法律法规已在前面做了较多介绍，以下简要介绍后两类法律法规的核心内容。

一、知识产权保护

知识产权由专利、商标、著作权、商业秘密和企业网络域名等无形资产和商业标记组成。这些资产能够使企业在市场中获得竞争优势，这些资产的损失往往比物质资产或设备的损失更加严重，常常导致的是整个企业的覆灭。

我国知识产权立法主要分为三种：著作权（版权）、专利权和商标权。此外，对企业来讲，以下四种权益也是值得认真保护的：企业名称、商业秘密、网站名称、网站域名。创业者可能难以确定哪些属于知识产权，是否应该运用法律保护。企业运营的每个方面都可能拥有应该加以保护的知识产权，其大致内容如表 7-3 所示。

表 7-3　　企业知识产权的保护

部门	企业知识产权的保护对象	常用保护办法
人事管理	招聘方案、员工管理方案、培训方案及配套各种表格等文件资料	著作权和商业秘密
财务薪资	各类描述企业绩效的合同、报表、员工薪资记录等文件资料	著作权和商业秘密
网站管理	网站域名、网站名称、网站设计、网站源代码、电子邮件名单等虚拟资料	著作权、商业秘密和域名注册登记
技术研发	技术研发成果及流程、改进记录、进展计划、实验记录等文件资料	专利和商业秘密
市场营销	标识、标语、广告、策划方案、顾客名单、市场调查报告等文件资料	商标、著作权和商业秘密

确定某项知识产权是否需要作为特别知识资产来加以保护，主要有两个原则：其一，企业应当确定这项知识产权是否与竞争优势直接相关。如果是创业核心技术或者服务方法，则是保护的重中之重。例如，亚马逊的商业方法专利“一点通”购物系统，是其网站的突出特色，无疑与公司的竞争优势直接相关。其二，判断某个项目是否具有市场价值。初创企业经常犯的错误是发明了某种产品并花费大量的金钱申请专利，却发现它根本没有市场。因此，在开发商业创意并运用法律保护手段之前，应进行正确的市场调研。

1. 专利

当创业者开发出某种热门产品或者技术后，如果没有获得专利保护，就会不可避免地遭到模仿。在新企业刚刚建立的时候，往往缺少其他形式的竞争优势，只有产品这一个法宝，如果丧失了产品优势，那么创业者所有的一切都是白费的。当对比自己强大的竞争对手成批量生产自己开发出来的产品而束手无策时，作为创业者来说，只能意味着失败。申请专利可以给创业者一段时间，在产品和服务被其他企业模仿之前，为创业者的新业务创建价值链，组建一个良好的与所生产的产品和服务相匹配的生产和销售能力，这些都无意中抬高了这个产品生产的门槛。

所谓专利，一般也称专利权，是指国家依法授予发明人、设计人或者其所属单位对某发明创造在法律规定的期限内享有的专有权或独占权。授予专利的机关是全国统一的国家知识产权局。国家知识产权局对专利申请要经过仔细审查、公示，经确认申请人的权属确实没有争议后，才授予在一定期限和中国领域范围内受法律保护的专利证书。授予专利权的发明和实用新型应当具备新颖性、创造性和实用性三项条件。按照专利的客体，可以把专利分为发明、实用新型和外观设计三种，如表 7-4 所示。比较容易混淆的科学发现、智力活动的规则和方法、疾病的诊断和治疗方法、动物和植物品种、用原子核变换方法获得的物质，都不授予专利权。

表 7-4　　专利的三种客体

专利客体	保护对象	保护期限
发明	创造出以前没有的技术方案	20 年
实用新型	小发明，在创造性方面的要求比发明低，申请和审批的手续也较简单	10 年
外观设计	产品新设计的外表和形状	10 年

专利对于创业者来说是非常有价值的工具，但也有一些重要的缺点。创业者必须注意的是，专利虽然十分有益，但也可能十分有害，原因在于：申请专利会披露其全盘构思，或是其独特配方；创业者不能对同一发明既拥有专利，又保守商业秘密；专利赋予所有者排他性的所有权，但当政府对其加以公布时，专利也就成为公众了解的公开信息（见表 7-5）。因此，创业者要精心考虑应该如何保护好自己的商业秘密，要精心考虑专利保护的力度有多大。在决定是否申请专利的问题上要特别小心。

表 7-5　　专利的优缺点

专利的优点	专利的缺点
1. 通过展示专利产品的竞争优势有助于筹集资金； 2. 提高竞争者的模仿成本； 3. 阻止其他人生产同样的产品； 4. 阻止其他人使用发明作为商业秘密	1. 需要披露发明； 2. 专利有期限； 3. 竞争者可以避开专利保护来实现同样的目标； 4. 申请专利需要成本； 5. 分辨合法和侵权需要成本； 6. 不存在国际性的专利

2. 商标

我国商标法规定，商标就是使一经营者的商品或者服务与其他经营者的商品或者服务相互区别的标记。商标通常是由文字、字母、数字、图形，以及产品的形状、外观或包装，带有标志的彩色组合、颜色组合等构成的。如麦当劳的金色拱门就是一个很好的商标范例。

在我国，创业者的商标可以采用自愿的方式决定是否注册（人用药品和烟草制品的商标必须注册），但只有注册过的商标才受到法律的保护。商标注册是商标注册申请人为取得商标权，依照法律规定的程序，将其所有的商标向商标局提出注册申请，经商标局审核，核准注册的一系列程序的总称。目前在我国，商标注册是取得商标权的唯一途径和依据。只有经过注册的商标，商标所有人才能获得商标权，受到法律保护。

创业者在注册商标时还应该注意我国商标法规定的禁止使用的文字与图形：

① 同中华人民共和国的国家名称、国旗、国徽、军旗、勋章相同或近似的文字、图形。

② 同外国的国家名称、国旗、国徽、军旗相同或近似的文字、图形。

③ 同政府间国际组织的旗帜、徽记、名称相同或近似的文字、图形。

④ 同“红十字”、“红新月”标志、名称相同或近似的文字、图形。

⑤ 本商品的通用名称和图形。

⑥ 直接表示本商品的质量、主要原料、功能、用途、重量、数量及其他特点的文字、图形。

⑦ 带有民族歧视性的文字、图形。

⑧ 夸大宣传并带有欺骗性的文字、图形。

⑨ 有害于社会主义道德风尚或者有其他不良影响的文字、图形。

⑩ 县级以上行政区划的地名或者公众知晓的外国地名，不能作为商标，但地名有其他含义的除外，已经注册的使用地名的商标继续有效。

优秀的创业者必须能够将区别于其他企业产品和服务的文字、符号、图形、颜色等注册成商标，并利用商标来保护代表企业的这些元素，同时要强化新创企业的品牌。

3. 著作权

著作权是一种向原创作品，包括手稿、软件、文章、诗歌、音乐、戏曲、艺术、蓝图和其他智力作品的作者提供知识产权保护的形式，是指作者及其他著作权人对文学、艺术、科学作品所享有的人身权利和财产权利的总称。

著作权赋予著作权拥有者和其授权人发行、改编、复制或展览其作品的权利。在我国，著作权保护期从作品形成之日起持续到作者去世后的50年。然而，作品无法获得其他国家著作权保护，想在中国以外获得著作权保护，必须遵守其他国家的相关法律。

在我国，著作权法对著作权的保护，采用创作保护主义的原则。只要作者独立完成了作品的创作，就自动取得了著作权。也就是说，著作权的取得，完全基于作者独立创作作品的行为或事实，而不需要其他任何法律事实的存在。只要独立创作出了作品，就可以享有著作权，而且著作权是不可剥夺的。著作权也可以登记，登记后可以起证据作用。

还有一点创业者应该了解的是，我国著作权法规定，公民为完成法人或非法人单位工作任务所创作的作品为职务作品，著作权由作者享有，但法人或非法人单位有权在其业务范围内优先使用。如果作者主要利用了法人或非法人单位的物质技术条件进行创作，作者只享有署名权，著作权的其他权利由法人或非法人单位享有。

二、保护雇员权益的劳动法

有关保护雇员权益的法规中，最基本的是劳动法。创业者应该对其中的劳动保护条款有所了解。劳动保护，是指国家为了劳动者在生产过程中的安全与健康而采取的各项保护措施，是保证职工身体不受伤害，保持和提高劳动者持久的劳动能力的组织和技术措施的总称。

劳动保护的主要内容有以下几个方面：

(1) 用人单位必须建立、健全劳动安全卫生制度。严格执行国家劳动安全卫生规定和标准。劳动者对用人单位管理人员违章指挥、强令冒险作业的情况，有权拒绝执行；对危害生命安全和身体健康的行为，有权提出批评、检举和控告。

(2) 劳动者每日工作时间不超过8小时，平均每周不超过44小时。用人单位应当依法安排劳动者在法定假日休假。用人单位安排劳动者延长工作时间的，支付不低于工资的150%的工资报酬；休息日安排劳动者工作又不能安排补休的，支付不低于工资的200%的工资报酬；法定休息日安排劳动者工作的，支付不低于工资的300%的工资报酬。

(3) 不得安排年满16周岁未满18周岁的未成年人从事矿山井下、有毒有害、国家规定的第四级体力劳动强度的劳动和其他禁忌从事的劳动。用人单位应当对未成年人定期进行健康检查。

(4) 不得安排女职工在经期从事高空、低温、冷水作业和国家规定的第三级体力劳动强度的劳动。不得安排女职工在怀孕期间从事国家规定的第三级体力劳动强度的劳动和孕期禁忌从事的劳动。对怀孕7个月以上的女职工，不得延长工作时间和安排夜班劳动。女职工在生育期间应该享受不少于90天的产假。

创业者一旦雇用了雇员，就会与雇员发生一系列的劳资关系。这种关系有的是通过合同确认的，有的没有合同约束，因此，难免出现劳资冲突，而要很好地解决这种冲突则需要了解劳动法规，更重要的是尊重雇员。

三、善用合同法保护自身合法权益

合同法是一种旨在确保签订合同各方遵守法律规定的法律，是调整平等主体之间合同关系的法律规范的总和。我国《合同法》涉及以下分则：买卖合同、赠与合同、借款合同、租赁合同、承揽合同、建设工程合同、运输合同、技术合同、保管合同、仓储合同、委托合同、行纪合同、居间合同等。

签订合同，对于创业者来说是经营活动过程中的一项重要内容，可以说有的时候一份合同签约的好坏与否，往往关系到新创企业的兴亡。因此，为了保证合同签订的成功率与效益性，创业者在签订合同之前一定要有针对性地做好各项准备：一要弄清楚合同签订的必要条件和程序；二要了解对方当事人是否具备法定的主体资格；三要审核对方在合同中签订的业务范围是否属于其经营范围，有无交易资格；四要对对方的资信进行审核、考查，等等。

总之，签订合同是一件非常重要的事情，创业者只有对对方的情况有了全面的了解，才能有的放矢，顺利达成自己的目标，才不会招致不应有的损失。

四、直接影响企业收益的税法

税率直接影响新创企业的出现。研究发现，创业者更愿意到税率低的地区创办企业。如果税率很高，创业者就只能保留所赚利润的一小部分，因而获得的潜在收益就很少，以致不足以抵消创建新企业所带来的风险。

在我国，对创业者而言，比较重要的税法有流转税法（增值税法和营业税法）和所得税法（个人所得税法和企业所得税法）。另外，还有一些创业企业所在地的税种。创业者在选择创业所在地和企业形式时都应该考虑这些税收政策，充分运用合理的税收策略，实现税后利润最大化。如表7-6所列。

一般来说，在收入相同的情况下，创业者选择个体工商户、个人独资或合伙企业形式时的税负是一样的，而选择私营企业时税负最重。但个人独资企业、合伙企业、私营企业三种形式的企业是法人单位，在发票的申购、纳税人的认定等方面占有优势，比较容易开展业务，经营范围比较广，并且可以享受国家的一些税收优惠政策。

表 7-6　　与创业者有关的主要税种与税率

税种	纳税义务人	税　率	主管税务机关
增值税	在中华人民共和国境内销售货物或提供加工、修理修配劳务，销售服务、无形资产、不动产以及进口货物的单位和个人	一般纳税人： 1. 纳税人销售货物、劳务、有形动产租赁服务或者进口货物，除第 2、3 项规定外，税率为 17%。 2. 纳税人销售交通运输、邮政、基础电信、建筑、不动产租赁服务，销售不动产，转让土地使用权，销售或者进口下列货物，税率为 13%。 (1) 粮食、食用植物油、食用盐； (2) 自来水、暖气、冷气、热水、煤气、石油液化气、天然气、二甲醚、沼气、居民用煤炭制品； (3) 图书、报纸、杂志、音像制品、电子出版物； (4) 饲料、化肥、农药、农机、农膜； (5) 国务院规定的其他货物。 3. 纳税人销售服务、无形资产，除第 1、2、5 项另有规定外，税率为 6%。 4. 纳税人出口货物，税率为零；但是，国务院另有规定的除外。 5. 境内单位和个人跨境销售国务院规定范围内的服务、无形资产，税率为零。	国家税务总局
		小规模纳税人： 包括原增值税纳税人和营改增纳税人，从事货物销售，提供增值税加工、修理修配劳务，以及营改增各项应税服务，增值税征收率为 3%，国务院另有规定的除外。	
企业所得税	在中华人民共和国境内，企业和其他取得收入的组织	企业所得税的税率为 25%。 非居民企业在中国境内未设立机构、场所的，或者虽设立机构、场所但取得的所得与其所设机构、场所没有实际联系的，应当就其来源于中国境内的所得缴纳企业所得税，适用税率为 20%。	国家税务总局
个人所得税	在中国境内有住所，或者无住所而在境内居住满一年的个人；在中国境内无住所又不居住或者无住所而在境内居住不满一年的个人	工资、薪金所得税税率： 1. 全月应纳税所得额不超过 1 500 元，税率为 3%。 2. 全月应纳税所得额超过 1 500 至 4 500 元的部分，税率为 10%。 3. 全月应纳税所得额超过 4 500 至 9 000 元的部分，税率为 20%。 4. 全月应纳税所得额超过 9 000 至 35 000 元的部分，税率为 25%。 5. 全月应纳税所得额超过 35 000 至 55 000 元的部分，税率为 30%。 6. 全月应纳税所得额超过 55 000 至 80 000 元的部分，税率为 35%。 7. 全月应纳税所得额超过 80 000 元的部分，税率为 45% (注：应纳税所得额是以每月收入额减除费用 3 500 元以及附加减除费用后的余额。)	各省、市、区税务局

在个人独资企业、合伙企业和私营企业三种形式中，私营企业以有限责任公司的形式出现，只承担有限责任，风险相对较小；个人独资企业和合伙企业由于要承担无限责任，风险较大。特别是个人独资企业还存在增值税一般纳税人认定等相关法规不易操作的现象，加大了企业风险。而合伙企业由于由多方共同兴办企业，在资金的筹集等方面存在优势，承担的风险也相对较少。相对于有限责任公司而言，较低的税负有利于个人独资企业、合伙企业的发展。因此，创业者在选择企业类型时，应充分考虑税种与税率等因素，选择最优方案。

第四节　新创企业的社会责任及其承担

本节要点

了解企业社会责任的概念与内容，提高承担社会责任的意识和能力，明确新创企业应通过积极承担社会责任树立良好的企业形象。

一、企业社会责任的概念与内容

企业社会责任问题日益受到各国政府和民众的广泛关注，我国《公司法》中明确要求，公司从事经营活动必须承担社会责任。

企业社会责任(Corporate Social Responsibility，简称 CSR)的概念虽然被广泛接受，但就国际社会而言还没有一个统一的定义。从国际组织对企业社会责任给出的定义可以看出，其基本内涵和外延是一致的，是指企业在创造利润、对股东利益负责的同时，还要承担起对企业利益相关者的责任，保护其权益，以获得在经济、社会、环境等多个领域的可持续发展能力。利益相关者是指企业的员工、消费者、供应商、社区和政府等。企业得以可持续经营，仅仅考虑经济因素对股东负责是远远不够的，必须同时考虑到环境和社会因素，承担起相应的环境责任和社会责任。

一些学者把企业社会责任明确归纳为四类责任，包括经济、法律、伦理和慈善的责任。

1. 经济责任

企业首先是一个经济机构。也就是说，企业应该是一个以生产或提供社会需要的商品和服务为目标，并以公平的价格进行销售的机构。

2. 法律责任

社会制定一些基本原则——法律，希望企业在法律的框架内开展生产经营活动。但法律涵盖不了社会对企业的所有期望行为。法律应付不了企业可能面对的所有新情况和新问题，如电子商务、基因工程食品等带来的新问题；法律常常滞后于新的科技进步，如当技术可对环境污染作出更精确的测量时，则基于原来技术的相应法律就变得不合时宜；法律总是由立法者制定的，往往体现的是立法者的利益和政治动机。

3. 伦理责任

法律是重要的，但永远不够用。伦理责任包括那些为社会成员所期望或禁止的、尚未形成法律条文的活动和做法。消费者、员工、股东和社区认为公平、正义的，同时也能尊重或保护利益相关者道德权利的，凡能反映如此信义的所有规范、标准、期望都是伦理责任所包括的。

4. 慈善责任

企业自愿的慈善活动或行为被视为责任是因为它们反映了公众对企业的新期望。这样的活动包括企业捐款、赠送产品或免费服务、义务工作、与当地政府和其他组织的合作，以及企业及其员工自愿参与社区或其他利益相关者的活动。

虽然社会总是期望企业负起慈善责任，但总的看来，这类责任是由企业自由决定要不要承担的。用更实际或体现管理目的的词语来说，一个对社会负责的企业应该努力做到：① 赢利；② 遵守法律；③ 合乎伦理地做事；④ 成为好的企业公民。

在欧美发达国家，企业承担社会责任已经从当初以处理劳工冲突和环保问题为主要追求，上升到实施企业社会责任战略以提升企业国际竞争力的阶段。在实践中，随着企业社会责任运动的发展，越来越多的企业通过设立企业社会责任委员会或类似机构来专门处理企业社会责任事宜，越来越多的企业公开发表社会责任报告。对于西方国家的创业者及其企业来说，承担企业社会责任就是要积极参与企业社会责任运动，贯彻执行由此衍生的SA8000等各种企业社会责任国际标准。

【知识专栏】 SA8000社会责任国际标准

现代社会十分关注企业履行社会责任的状况。一些知名组织和公众媒体纷纷展开了对企业社会表现的评比活动，如《财富》杂志对最受赞赏和最不受赞赏公司的排名；经济优先权委员会(CEP)的“企业良心奖”，致力于鼓励在社会活动和环境保护中的积极表现；《商业伦理》杂志每年出版“企业公民100佳”报告专集，并颁发“商业伦理”奖。1997年美国的社会责任国际发起并联合欧美跨国公司和其他国际组织制定了“SA8000社会责任国际标准”(Social Accountability

8000 International Standard)。

SA8000社会责任国际标准的产生，是从美国一家服装企业虐待员工的问题被曝光后引起各方关注而逐步形成的。它是依据联合国有关公约和国际劳工组织有关准则制定的，其宗旨是为了维护员工的基本权益。鉴于国际上要求制定统一的社会责任国际标准的呼声越来越高，ISO于2002年专门成立了社会顾问组进行研究，旨在逐步提出一种国际标准作为社会责任的指导方针。

SA8000社会责任国际标准的规定具有普遍适应性，它不受地域、产业类别和公司规模的限制。它目前的重点推广领域是：零售业、跨国公司和劳动密集型产业。其主要内容包括：① 不使用或不支持使用15周岁以下的童工；② 不使用或不支持使用强迫劳动；③ 健康与安全；④ 尊重结社自由与集体谈判权力；⑤ 不歧视或不支持歧视；⑥ 禁止体罚、精神或肉体的压迫或语言辱骂；⑦ 工作时间每周不得超过48小时，每7天至少休息1天，每周加班时间不得超过12小时；⑧ 工资报酬必须达到法律或行业规定的最低标准；⑨ 建立长期贯彻执行的管理体系。

二、企业社会责任的承担

在我国，强化企业社会责任是一个紧迫的现实问题，是我国企业提高国际竞争力面临的一项新的挑战。我国新企业在创建伊始就应清楚地认识到推行企业社会责任是人类文明进步的标志，劳工权益保护不仅是西方国家的要求，也是现代企业的历史使命，符合我国《劳动法》等许多现行法规的要求。

创业者应该在积极参与和关注企业社会责任运动和企业社会责任国际标准出台的同时，从以下几个方面着手提高承担企业社会责任的意识和能力。

(1) 制定实施体现企业社会责任的竞争战略。突破传统的企业竞争战略。勇于承担企业社会责任的同时打造企业新的竞争优势，是我国新一代创业者的必然选择。

(2) 把企业社会责任建设融入企业文化建设中。企业文化建设其实是企业发展战略的一部分，既可以提高企业竞争能力，也可以使人在工作中体会生命的价值。把企业社会责任作为新时期企业文化整合和再造的重要内容，已成为国际企业文化发展的大趋势。

(3) 把企业社会责任的理念付诸实实在在的行动。在企业的日常经营管理过程中，不仅要对股东、员工负责，还要对客户、供应商负责，对自然环境负责，对社会经济的可持续发展负责。

参考文献

[1] 彼得 F 德鲁克. 创新与创业精神[M]. 张炜，译. 上海：上海人民出版社，2002.
[2] 蔡敞明，刘益平. 创业管理[M]. 北京：机械工业出版社，2016.
[3] 龚荒. 创业管理——理论、实训、案例[M]. 北京：机械工业出版社，2017.
[4] 杰弗里·蒂蒙斯. 创业者[M]. 北京：华夏出版社，2002.
[5] 杰弗里·蒂蒙斯. 战略与商业机会[M]. 北京：华夏出版社，2002.
[6] 罗伯特 A 巴隆，斯科特 A 谢恩. 创业管理基于过程的观点[M]. 张玉利，谭新生，陈立新，译. 北京：机械工业出版社，2005.
[7] 宁佳英. 大学生创业管理[M]. 广州：华南理工大学出版社，2012.
[8] 吴运迪. 大学生创业指导[M]. 北京：清华大学出版社，2012.
[9] 西凤茹，孙云龙，李学东. 大学生创业理论与实务[M]. 北京：北京师范大学出版社，2011.
[10] 张玉利，薛红志，陈寒松. 创业管理[M]. 3 版. 北京：机械工业出版社，2015.
[11] 郑晓燕. 创业基础[M]. 2 版. 成都：西南财经大学出版社，2015.
[12] 郑晓燕. 创业基础案例与实训[M]. 2 版. 成都：西南财经大学出版社，2015.